Andrea Gerth

Auf dem Weg zur Erziehungspartnerschaft

Lern- und Arbeitsbuch für Kindergartenteams

Dank

Die Veröffentlichung dieses Arbeitsbuches wäre nicht ohne die großzügige Förderung der Landesstiftung Baden-Württemberg möglich gewesen. Dank sage ich der Landesstiftung auch für die Durchführung des Projekts »Stärkung der Erziehungskraft der Familie durch und über den Kindergarten« in den Jahren 2003 bis 2006. Denn nur dadurch konnten in fünf Einzelprojekten der in der LIGA der freien Wohlfahrtsverbände zusammengeschlossenen Verbände mit über 130 Einrichtungen Wege zur Erziehungspartnerschaft und Elternbildung im Kindergarten entwickelt und erprobt werden.

Herzlich bedanken möchte ich mich bei Bodo Reuser, Margit Stüber-Hemmerich sowie Stefanie Theuer, die als Einrichtungsbegleiterinnen im Projekt mitgearbeitet und mir mit ihrem Fachwissen geholfen haben, die Konzepte der einzelnen Projektschritte zu erarbeiten. Der gleiche Dank gilt Sabine Kriechhammer und Eva Valentin, die in den von ihnen geleiteten Seminaren die Haltungsänderungen und Wissensvermittlung bei den Erzieherinnen angestoßen haben. Dank sage ich auch Ute Walker, Projektverantwortliche beim PARITÄTISCHEN, Landesverband Baden-Württemberg, für ihre stets ermutigende und konstruktive Unterstützung und Begleitung.

Vor allem bin ich den vielen pädagogischen Fachkräften der beteiligten Kindergärten zu großem und herzlichem Dank verpflichtet. Durch ihr Mitwirken und ihren Einsatz waren eine produktive Projektarbeit und damit eine Überprüfung der eingesetzten Methoden und Inhalte überhaupt erst möglich.

Andrea Gerth

Andrea Gerth

Auf dem Weg zur Erziehungspartnerschaft

Lern- und Arbeitsbuch für Kindergartenteams

verlag das netz
Weimar · Berlin

Über Rückmeldungen zum Gebrauchswert dieses Buches würden wir uns freuen:
Andrea Gerth
Der PARITÄTISCHE, Landesverband Baden-Württemberg
Haußmannstr. 6
70188 Stuttgart
gerth@paritaet-bw.de

DER PARITÄTISCHE
BADEN-WÜRTTEMBERG

ISBN 978-3-937785-85-1

Gestaltung: Jens Klennert, Tania Miguez
Druck und Bindung: COLOR-DRUCK ZWICKAU GmbH & Co. KG
Fotos: projekteobjekte, Sinsheim
Printed in Germany

Inhalt

POOH

Vorwort

Über Notwendigkeit und Sinn einer funktionierenden Zusammenarbeit zwischen Kindergarten und Familie wurde schon viel geschrieben: Erziehungspartnerschaft hat als Schlagwort Eingang in die meisten Bildungs- und Erziehungspläne der Bundesländer gefunden. Auch wenn es spannende Diskussionen gibt, ob eine Partnerschaft zwischen Eltern und Erzieherinnen möglich ist oder ob sie zumindest das Ziel einer guten Zusammenarbeit zwischen den beiden Gruppen sein kann, soll hier keine weitere theoretische Diskussion über die Abgrenzung der Begriffe geführt werden.

Nach Beendigung des Projekts »Stärkung der Erziehungskraft der Familie durch und über den Kindergarten« beschrieben Erzieherinnen Veränderungen bei sich und in ihrem Verhältnis zu den Eltern so:

Was hat sich bei mir selbst – in meiner Haltung und meinem Verhalten – verändert?

- Ich habe mehr Kontakt zu »meinen« Eltern.
- Ich habe nicht nur das einzelne Kind, sondern die Familie als Ganzes im Blick.
- Ich achte auf die Hintergründe der Familien und ihre Bedürfnisse und gehe mehr auf die Eltern ein.
- Meine Erfahrung: Eltern im Kindergarten sind eine Bereicherung.

Wie hat sich das Verhältnis zwischen Erzieherinnen und Eltern/Elternbeirat verändert?

- Die Beziehung zwischen mir und den Eltern ist enger und vertrauensvoller geworden.
- Wir gehen selbstsicherer aufeinander zu, es gibt keine Hemmschwelle, der Umgang miteinander ist entspannter.
- Ich bekomme von den Eltern mehr Informationen über deren Alltag und ihre Erziehungsvorstellungen.
- Regelmäßige Entwicklungsgespräche nehmen den Eltern die Angst, wir würden nur dann mit ihnen sprechen, wenn es Probleme mit ihrem Kind gibt.
- Die Eltern bekommen mehr Einblick in die Arbeit im Kindergarten und fragen öfter nach.
- Durch unsere Angebote für Eltern fühlen diese sich in den Räumen des Kindergartens wohl und willkommen.
- Eltern fühlen sich in ihren Bedürfnissen wahrgenommen, sie äußern Wünsche und engagieren sich mehr.
- Die Kinder erleben ihre Eltern als Teil des Kindergartenalltags.
- Eltern legen ihre Erziehungsprobleme offen und nehmen Anregungen von uns an.

Inhalte und Methoden, mit denen sich die Kindergärten in Verlauf des Projekts auseinandergesetzt haben, werden im vorliegenden Arbeitsbuch beschrieben. Damit können sich auch andere Kindergartenteams auf den Weg begeben, ihre Zusammenarbeit mit Eltern zu prüfen und zu verbessern. Beispiele zur Umsetzung der bearbeiteten Themen geben Anregungen für die eigene Praxis.

Es gibt aber keine Patentrezepte, die man einfach kopiert. Zum Gelingen braucht es nicht nur eine gute Idee, genauso wichtig sind die positive Grundhaltung der Erzieherinnen und der differenzierte Blick auf die Situation der Familien der Kinder im Kindergarten.

Ich wünsche allen, die unseren Projektweg nachvollziehen wollen, viel Energie und Freude sowie eine ausreichende Portion kritischer Selbstreflexion.

Einleitung

Im vorliegenden Arbeitsbuch wird das praktische Vorgehen zur Veränderung und Intensivierung der Zusammenarbeit mit Eltern und Familien beschrieben. Grundlage dafür sind die Erfahrungen aus dem Einzelprojekt Nordbaden des PARITÄTISCHEN. Jedes Kapitel beginnt mit einer kurzen Beschreibung des Themas sowie einer Übersicht über den Ablauf der einzelnen Arbeitsschritte (▶ Einleitung). Danach werden die einzelnen ▶ Arbeitsschritte detailliert beschrieben. Wo es möglich ist, ergänzen Beispiele aus der Praxis diesen Schritt (▶ Beispiele und Anregungen).

Die Arbeit mit diesem Buch kann sich auf unterschiedliche Art und Weise gestalten: Es kann vom Team systematisch von vorn nach hinten durchgearbeitet werden. Aber es lassen sich auch einzelne Kapitel in der Abfolge verschieben oder einzeln behandeln. Wichtig ist, dass diese Arbeit als Projekt begriffen wird, dem für einen festgesetzten Zeitraum ausreichend Energie und Kraft gewidmet werden kann. Das Projekt braucht einen definierten Anfang, aber auch ein klares Ende, an dem gemeinsam reflektiert wird, ob gesteckte Ziele erreicht wurden oder nicht. Im Rahmen des Einzelprojekts beschäftigten sich die teilnehmenden Teams ca. ein Jahr lang mit den Inhalten des Arbeitsbuchs.

In jedem Projekt nimmt die Leitung eine wichtige Rolle ein. Deshalb beginnt das Arbeitsbuch mit einem selbstreflexiven Blick auf die Leitung und ihre Aufgaben (Kapitel 1). Anschließend muss das Projekt von allen Beteiligten definiert werden (Kapitel 2). Bevor die gemeinsame Arbeit mit den Eltern beginnt, braucht es Klärungen im Team (Kapitel 3).

Im vierten Kapitel beginnt die eigentliche Projektarbeit: Eine Bestandsaufnahme der Ist-Situation richtet zum einen den Blick auf die unterschiedlichen Familien in der Einrichtung, zum anderen werden die verschiedenen »Stationen einer Familie auf dem Weg durch den Kindergarten« zusammengetragen und bewertet.

Im fünften Kapitel werden zentrale Formen der Zusammenarbeit mit Eltern aufgezeigt. Hierzu gehören
- das Willkommen im Kindergarten mit der ganzen Familie,
- die Entwicklungsbeobachtung und Entwicklungsgespräche,
- die Integration von Eltern in den Kindergartenalltag sowie
- die Kommunikation mit allen Eltern.

Das sechste Kapitel bietet Anregungen zur Reflexion der Projektarbeit, die auch einen eigenständigen Eingang in den Kindergartenalltag finden können.

Je früher Eltern – wenn auch zu Beginn nur wenige – in die Projektarbeit einbezogen werden, desto genauer können Anschauungen und Bedürfnisse von Familien in die Entwicklung einer Erziehungspartnerschaft einbezogen werden. Es lohnt sich also, schon im Vorfeld zumindest mit dem Elternbeirat über ein solches Vorhaben zu sprechen und sich dessen Unterstützung zu sichern. Spätestens zum »ersten Projekttreffen« sollten interessierte Eltern mit eingeladen werden.

Eine wichtige Rolle spielt auch der Träger bei solchen Vorhaben: Er stellt die nötigen Ressourcen zur Verfügung. Als Argumentationshilfe für die Unterstützung des Vorhabens durch den Träger verweisen wir auf die in den Bildungsplänen beschriebene Notwendigkeit der engen und partnerschaftlichen Zusammenarbeit zwischen Kindertagesstätte und Familie. Auch kann ein Team seinen Träger mit dem Image-Gewinn überzeugen, den eine Einrichtung erfährt, wenn sie sich für die Familien ihrer Kinder öffnet.

Im Anhang finden sich hilfreiche Methoden, die in einigen Arbeitsschritten zur Anwendung kommen, dort aber nicht beschrieben werden. Außerdem enthält er Hinweise auf weiterführende Literatur, die Adressen aller am Einzelprojekt Nordbaden des PARITÄTISCHEN, Landesverband Baden-Württemberg, beteiligten Kindertageseinrichtungen sowie eine Auflistung von Ideen, die die Kindergärten in der Zusammenarbeit mit Eltern umsetzten.

1 Die Rolle der Leitung

▲ Einleitung

In jedem Veränderungsprozess kommt der Leitung eine zentrale Aufgabe zu: Wenn sie nicht mit ihren Überzeugungen, ihrer Verantwortung und ihren Kompetenzen hinter dem Projekt steht, kommt das Team nur mit gebremster Kraft voran. Deshalb muss sie zu Beginn der Arbeit für sich selbst und mit ihrem Umfeld eine Rollenklärung vornehmen.

▶ Arbeitsschritt »Rollenklärung«

Orientierung hierfür gibt das »Rollendreieck in Projekten« mit den Funktionen »Auftraggeber«, »Projektleitung«, »Projektmitarbeitende«.

Das Rollendreieck in Projekten

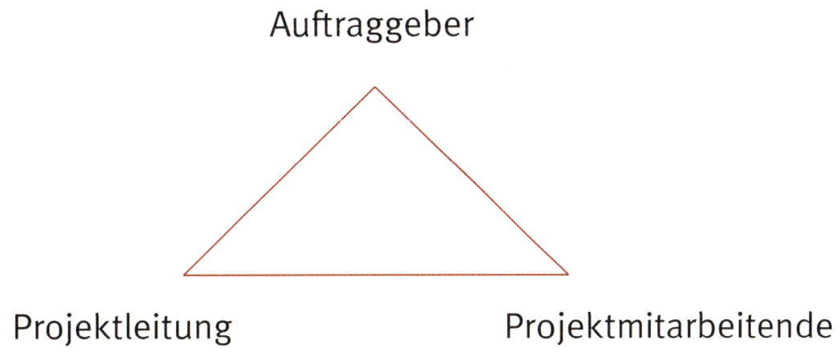

Aufgaben des Auftraggebers
- Projektauftrag definieren
- Projektziel formulieren
- Personal und Geld zur Verfügung stellen
- Wichtige Entscheidungen treffen
- Projekt nach außen vertreten und schützen

Aufgaben der Projektleitung
- Gesamtprojekt planen, organisieren und koordinieren
- Zielerreichung verantworten durch Koordination, Begleitung und Überprüfung
- Informationsfluss aufrechterhalten

Aufgaben der Projektmitarbeitenden
- Arbeitsaufträge verantwortlich umsetzen

Da in der Regel die Initiative für ein Projekt aus der Einrichtung selbst kommt und nicht vom Träger, ist es notwendig, einen Teil der Aufgaben des Auftraggebers als Leitung mit dem Team gemeinsam zu entwickeln (z.B. das Projektziel). Formal kann aber nur der Träger einer Einrichtung der Auftraggeber sein, da er die Ressourcen (Personal und/oder Geld) bereitstellen muss. Seine Funktion kann sich jedoch darin erschöpfen, dass er der Projektdurchführung zustimmt.

Die Leiterin muss deshalb im Vorfeld des Projektes klären, welche Aufgaben des Auftraggebers, der Projektleitung und der Projektmitarbeiter sie selbst erfüllen will, welche an ihre Mitarbeiterinnen und Eltern delegierbar sind und welche der Träger übernimmt.

Das Ergebnis der Rollenklärung und damit die Aufgabenverteilung im Projekt sollte die Leiterin allen Beteiligten – dem Träger, den Mitarbeiterinnen und dem Elternbeirat – darlegen und Einvernehmen herstellen.

▲ Arbeitsschritte

△ Arbeitsschritt »Rollenklärung«

Ziel: Die eigene Rolle und die Rollen der Beteiligten (Träger, Elternbeirat und Eltern sowie Mitarbeiterinnen) im Projekt erkennen, klären und annehmen bzw. Einvernehmen herstellen.

Teilnehmerinnen: Die Leitung und eine vertraute Gesprächspartnerin. Im zweiten Schritt der Träger, der Elternbeirat und die Mitarbeiterinnen.

Material: Arbeitsblatt; Wandzeitung.

Ablauf: Bearbeiten Sie das Arbeitsblatt »Rollenklärung«. Orientieren Sie sich dabei auch am »Rollendreieck in Projekten« und den zugehörigen Aufgabenbeschreibungen. Es gibt darüber hinaus sicher noch weitere Erwartungen, die an Ihre Rolle herangetragen werden.

Suchen Sie sich nach dieser Einzelarbeit eine Gesprächspartnerin Ihres Vertrauens und berichten Sie über Ihre Erkenntnisse. Bitten Sie sie, Ihnen kritisch zuzuhören und Ihre Aussagen zu hinterfragen – zum Beispiel durch folgende Fragen:
- Welche der Erwartungen sind tatsächlich ausgesprochene und welche nur vermutete Erwartungen?
- Sind diese Erwartungen klar formuliert oder eher diffus?
- Gibt es Widersprüche oder Konflikte zwischen den verschiedenen Erwartungen?
- Was löst das Ergebnis dieser Reflexion bei dir aus? Wie geht es dir mit deinen Erwartungen an dich selbst?
- Wo besteht noch Klärungsbedarf? Wie reagierst du darauf?

Natürlich kann diese kritische Würdigung auch allein vorgenommen werden – erfahrungsgemäß ist ein tatsächlich geführtes Gespräch aber hilfreicher.

Danach halten Sie auf einer Wandzeitung Ihren Vorschlag zur Aufgabenverteilung fest und besprechen diesen mit dem Träger, dem Elternbeirat und den Mitarbeiterinnen. Je nach Situation und Kommunikationsstruktur in der Einrichtung kann die Vorstellung und Diskussion mit den Beteiligten jeweils getrennt oder auch gemeinsam erfolgen.

Über das möglichst einvernehmliche Ergebnis sollten alle Beteiligten gleichermaßen informiert werden.

Arbeitsblatt »Rollenklärung«

Schreiben Sie in die Kästen einzelne Personen oder auch Personengruppen, von denen Sie wissen oder zu wissen glauben, dass sie Erwartungen an Sie als Leiterin haben, wenn es um das Projekt »Erziehungspartnerschaft« geht. Formulieren Sie diese Erwartungen in Stichworten, z.B.:

- Was erwartet Ihr Träger von Ihnen?
- Was erwarten die Mitarbeiterinnen und was die Eltern?
- Was sind Ihre Erwartungen an sich selbst in diesem Projekt?

Erwartungen:

Erwartungen:

Erwartungen:

Erwartungen:

Ich in der Rolle als Leiterin des Projekts »Erziehungspartnerschaft«

Erwartungen:

Meine Erwartungen an mich selbst:

2 Projektbeschreibung

▲ Einleitung

Allen Beteiligten, insbesondere der Leitung und dem Team, muss klar sein, dass die Beschäftigung mit der Erziehungspartnerschaft ein Projekt ist, das Ressourcen bindet und Zeit in Anspruch nimmt.

Deshalb ist bei der Projektbeschreibung darauf zu achten, dass nicht nur die Ziele aufgezeigt werden, sondern auch die Ressourcen definiert sind, mit denen das Projekt durchgeführt wird. Denn: »Wer Neues will, muss Altes lassen« – das haben die am Projekt beteiligten Erzieherinnen immer wieder festgestellt.

Folgende Merkmale von Projekten sollten berücksichtigt werden:

Merkmale von Projekten

1. Projekte sind einmalige, innovative Arbeitsvorhaben einer Einrichtung.
2. Die Aufgabenstellung ist komplex, die Lösungswege sind zu Beginn weder vollständig klar noch vollständig planbar.
3. Projekte sind zeitlich begrenzt. Sie haben einen Anfang und ein Ende.
4. Projekte nutzen die Fähigkeiten mehrerer Mitarbeiterinnen.
5. Die finanziellen und personellen Mittel sind festgelegt.
6. Sie haben eine eigene Organisationsform.
7. Es gibt einen Auftraggeber, eine Projektleitung und Projektmitarbeitende.

Diese Merkmale müssen von der Leitung oder moderiert im Team für das Projekt präzisiert werden. Der Träger und der Elternbeirat können daran beteiligt werden.

▶ Arbeitsschritt »Projektbeschreibung«

▲ Arbeitsschritte

△ Arbeitsschritt »Projektbeschreibung«

Ziel: Das Projekt »Erziehungspartnerschaft« ist für den Kindergarten beschrieben und mit den Projektbeteiligten abgestimmt.

Teilnehmerinnen: Möglichst alle am Projekt Beteiligten (Erzieherinnen, Leitung, Träger, Elternbeirat, interessierte Eltern).

Material: Arbeitsblatt und Wandzeitung.

Ablauf: Zu Beginn macht die Leitung auf Grundlage der »Merkmale von Projekten« konkrete Vorschläge für das Projekt. Diese hält sie auf einer großen Wandzeitung fest.

Die Vorschläge werden mit allen Beteiligten diskutiert und ein gemeinsames Ergebnis erarbeitet. Denn erst wenn alle Projektbeteiligten für das Projekt gewonnen sind, werden sie sich mit dem erforderlichen Engagement in die Projektarbeit einbringen.

Das Ergebnis wird festgehalten und allen Projektbeteiligten übermittelt. Insbesondere der Träger sollte der Projektbeschreibung zustimmen und sie damit genehmigen.

▲ Beispiele und Anregungen

△ Beispiel: Projekt Erziehungspartnerschaft

1. Projekte sind einmalige, innovative Arbeitsvorhaben einer Einrichtung:
   »Zur Überprüfung der Qualität unserer Zusammenarbeit mit Eltern beschäftigen wir uns für eine bestimmte Zeit (s.u.) mit dem Thema Erziehungspartnerschaft.«
2. Die Aufgabenstellung ist komplex, die Lösungswege sind zu Beginn nicht vollständig klar und planbar:
   »Wir orientieren uns am Vorgehen des Arbeitsbuchs.«
3. Projekte sind zeitlich begrenzt. Sie haben einen Anfang und ein Ende:
   »Beginn der Projektarbeit ist am ...., beendet wird sie am .... Der Zeitplan ist: .... Der Abschluss des Projekts wird mit einer Präsentation der Projektergebnisse beim nächsten Stadtteilfest gefeiert.«
4. Projekte nutzen die Fähigkeiten vieler Mitarbeiterinnen:
   »Am Projekt sind alle Fachkräfte der Einrichtung sowie am Thema interessierte Eltern und der Elternbeirat beteiligt.«
5. Die finanziellen und personellen Mittel sind festgelegt:
   »Die Kosten für Arbeitsmaterialien und die Bewirtung bei den Projekttreffen werden aus der Handkasse des Kindergartens gedeckt. Jede Erzieherin bringt vier Stunden ihrer monatlichen Verfügungszeit in das Projekt ein. Damit das möglich ist, wird für die Dauer des Projekts auf das Verfassen von Artikeln für das Gemeindeblatt und auf zusätzliche Projekte im Kindergarten weitgehend verzichtet.«
6. Projekte haben eine eigene Organisationsform:
   »Die Projekttreffen finden nicht während der Dienstbesprechung statt, zu ihnen wird gesondert eingeladen. Von jedem Treffen wird ein Protokoll gefertigt, das allen Beteiligten und allen Eltern zur Kenntnis gegeben wird.«
7. Es gibt einen Auftraggeber, eine Projektleitung und am Projekt Mitarbeitende:
   »Die Aufgaben des Auftraggebers werden von der Leiterin unter Einbeziehung des Teams vorbereitet und dem Träger übermittelt. Die dafür notwendige Zeit wird im Dienstplan eingeplant. Die für die Aufgaben der Projektleitung notwendige Zeit wird ihr zur Verfügung gestellt durch Entlastung von... Am Projekt Mitarbeitende im engeren Sinne sind die Fachkräfte der Einrichtung; die Eltern und der Elternbeirat gehören ebenfalls zu den Projektmitarbeitenden, sind aber nicht zur Umsetzung von Arbeitsaufträgen verpflichtet. Sie können trotzdem Aufgaben übernehmen. Alle Projektbeteiligten beschließen, die Zusammenarbeit mit Eltern zu überprüfen und zu verändern, und damit dem Ziel einer Erziehungspartnerschaft näher zu kommen.«

3 Klärungen im Team

▲ Einleitung

Bevor sich ein Team – gemeinsam mit Eltern – auf den Weg macht, die Zusammenarbeit zwischen Eltern und Erzieherinnen auf den Prüfstand zu stellen, Gutes zu dokumentieren, noch nicht Gelungenes zu verbessern und Untaugliches aus dem Repertoire zu streichen, braucht es einige Klärungen im Team. Der erste Schritt ist, die eigene Haltung zur Zusammenarbeit mit Eltern zu hinterfragen.

▶ Arbeitsschritt »Persönliche Sicht auf die Zusammenarbeit mit Eltern«

In jeden Veränderungsprozess geht man gelassener, wenn man weiß, auf welche Ressourcen man zur Bewältigung zurückgreifen kann: Wo liegen meine Stärken? Wie kann ich diese für die Zusammenarbeit mit Eltern nutzen? Dies zu klären, ist Ziel des nächsten Arbeitsschritts.

▶ Arbeitsschritt »Schatzsuche«

Nicht nur die persönlichen Ressourcen unterstützen das Team, auch Methoden wie die kollegiale Beratung sind hilfreich, wenn eine Erzieherin in der Arbeit mit einer bestimmten Familie an die Grenzen ihrer Möglichkeiten stößt. Dieser Arbeitsschritt ist möglicherweise schon vor Beginn der gemeinsamen Arbeit mit Eltern erforderlich, z.B. dann, wenn zu erwarten ist, dass ganz bestimmte Eltern an den gemeinsamen Projekttreffen teilnehmen werden. Wahrscheinlicher ist es jedoch, dass die Methode im Alltag außerhalb des Projekts eingesetzt wird. Deshalb ist sie nicht in diesem Kapitel, sondern im Anhang unter »Moderationsmethoden« beschrieben.

Manchmal reicht es aus, sich über die verschiedenen »Typen« von Erzieherinnen und Eltern klar zu werden. Hier ist die Auseinandersetzung mit einem Text von Renate Thiersch hilfreich.

▶ Arbeitsschritt »Typen von Eltern und Erzieherinnen«

Nach diesen Arbeitsschritten können alle Erzieherinnen gestärkt in das Projekt »Erziehungspartnerschaft« gehen. Es ist ihnen bewusst, warum sie sich intensiv mit der Zusammenarbeit mit Eltern beschäftigen wollen. Hat eine Erzieherin dennoch Bedenken, so sollte – im Einzelgespräch mit der Leitung oder im Team – geklärt werden, welche Vorkehrungen oder Zusicherungen es ihr ermöglichen, sich auf dieses Projekt einzulassen.

Einem Einstieg in die Projektarbeit, die mit der Beschreibung des Ist-Standes in Kapitel 4 beginnt, steht dann nichts mehr im Wege.

▲ Arbeitsschritte

△ Arbeitsschritt »Persönliche Sicht auf die Zusammenarbeit mit Eltern«

Ziel: Sich der eigenen Haltung zur Zusammenarbeit mit Eltern bewusst werden, Schwierigkeiten im Umgang mit Eltern erkennen und Lösungsmöglichkeiten suchen. Gemeinsame Grundhaltungen entwickeln und gegenseitige Hilfen installieren.

Teilnehmerinnen: Alle Erzieherinnen.

Material: Wandzeitungen und Stifte.

Ablauf: Die Erzieherinnen diskutieren in Dreiergruppen folgenden Fragen und halten ihre Ergebnisse auf einer Wandzeitung fest:
- Wo liegt für mich der Nutzen einer guten Zusammenarbeit mit Eltern? Was ist mir dabei besonders wichtig?
- Wie kann ich auf Eltern zugehen und ihnen zeigen, dass ich an einer guten Zusammenarbeit interessiert bin?
- Was macht es mir schwer, mit allen Eltern gut zusammenzuarbeiten? Was würde mir dabei helfen?

Im Plenum werden die Ergebnisse zusammengetragen und gesichtet:
- Warum legen wir großen Wert auf eine gute Zusammenarbeit mit Eltern?
- Wie kann jede von uns immer wieder ihre Bereitschaft zur Zusammenarbeit ausdrücken?
- Was können wir uns gegenseitig als Unterstützung anbieten?

Die Ergebnisse werden protokolliert und bilden die Grundlage für alle weiteren Überlegungen zur Zusammenarbeit mit Eltern.

△ Arbeitsschritt »Schatzsuche«

Ziel: Benennung der Ressourcen der einzelnen Erzieherinnen.

Teilnehmerinnen: Alle Erzieherinnen.

Material: Anleitung »Partnerinterview«.

Ablauf: In freiwilliger Zusammensetzung werden Zweiergruppen gebildet. Diese führen je ein Interview mit ihrer Partnerin und orientieren sich dabei an der Anleitung »Partnerinterview«. Wichtig ist es, dass die Rolle der Interviewerin eingehalten wird. Sie soll nur Fragen stellen und keine eigenen Meinungen, Erfahrungen oder Erlebnisse einbringen!

Am Ende des ersten Interviews wird die Schatzkiste der interviewten Erzieherin gefüllt. Die dafür benutzte Methode des Mindmaps ist im Anhang unter Moderationsmethoden beschrieben.
Danach erfolgt ein Rollentausch und das zweite Interview wird geführt.

Anleitung »Partnerinterview«:

»Die Zusammenarbeit mit Eltern überprüfen und verbessern«

Tipps für die Interviewerin

- Lassen Sie Ihre Partnerin ihre Geschichte erzählen, schenken Sie ihr volle Aufmerksamkeit, hören Sie zu und fragen Sie nach.
- Seien Sie neugierig auf die Erfahrungen der anderen, auf ihre Gedanken und Gefühle.
- Machen Sie sich Notizen und achten Sie dabei darauf, auf welche Ressourcen und Stärken das Erzählte zeigt.
- Sie haben je Interview 20 Minuten Zeit.

Interview-Leitfaden

- Denken Sie an Ihren Berufseinstieg als Erzieherin. Welche Vorstellungen hatten Sie damals von einer Zusammenarbeit mit Eltern? Woran haben Sie sich orientiert? Welche Vorbilder hatten Sie? Was war für Sie besonders wertvoll?
- Erinnern Sie sich an Beispiele, die für Sie in der Zusammenarbeit mit Eltern besonders wichtig waren. Was ist in dieser Zeit geschehen? Was machte das Besondere möglich?
- Ohne bescheiden zu sein, was schätzen Sie besonders an sich, an Ihrer Arbeit und an Ihrem Team bzw. Kindergarten?
- Wenn es nur nach Ihnen ginge, welche Ihrer Interessen, Talente, Fähigkeiten würden Sie gerne in Zukunft mehr nutzen und in die Zusammenarbeit mit Eltern einbringen?

Füllen der Schatzkiste

Setzen Sie sich am Ende des ersten Interviews zusammen und überlegen Sie gemeinsam, welche Ressourcen sichtbar wurden. Tragen Sie diese in der Mindmap »Meine Schatzkiste« zusammen.

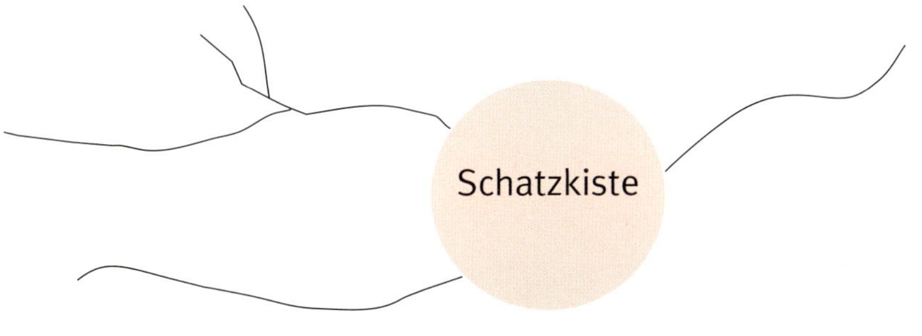

△ Arbeitsschritt »Typen von Eltern und Erzieherinnen«

Ziel: Wahrnehmen der Unterschiede in den Haltungen von Eltern- und Erzieherinnentypen und Folgerungen für die Zusammenarbeit ziehen.

Teilnehmerinnen: Alle Erzieherinnen.

Material: Text Renate Thiersch.

Ablauf: Lesen Sie den Textauszug von Renate Thiersch im Team und diskutieren Sie die Überlegungen zu den Typen von Eltern und denen von Erzieherinnen:
- Lassen sich auch bei Ihnen ähnliche Grundhaltungen bei Eltern und Erzieherinnen finden?
- Wie können verschiedene Typen gut zusammenarbeiten?
- Welche Angebote müssen den unterschiedlichen Elterntypen gemacht werden, damit die Zusammenarbeit klappt?

»Typen« von Erzieherinnen und »Typen« von Eltern

Erziehungspartnerschaft, das heißt gemeinsame Förderung der einzelnen Kinder und Stärkung der Erziehungskompetenz der Eltern und Partizipation als Mitgestaltung und Mitbestimmung, sind Leitlinien einer neuen Zusammenarbeit von Kindertagesstätte und Familie. Eine solche Zusammenarbeit können Erzieherinnen und Eltern nur realisieren, wenn sie ihre traditionellen Einstellungen verändern. Diese Einstellungen stellen sich auch innerhalb der Gruppe der Eltern und innerhalb der Gruppe der Erzieherinnen unterschiedlich dar; hier sollen unterschiedliche Modi der Zusammenarbeit von Eltern und von Erzieherinnen betrachtet werden. Sie wurden von mir in der Interpretation von Gesprächen mit Eltern aus verschiedenen Projektzusammenhängen entwickelt.

Betrachten wir zunächst die Eltern:

Wir haben oben dargelegt, dass Eltern ein grundsätzliches Vertrauen zum Kindergarten haben. Dieses bedeutet für viele Eltern, dass sie die Erziehung pauschal an den Kindergarten zu delegieren scheinen. Sie übergeben den Erzieherinnen die Zuständigkeit für das Wohlergehen des Kindes und für seine Förderung. Überwältigend ist, dass auch viele Migranten, deren Kinder kaum ein Wort Deutsch können, die Erziehung so umfassend an die Einrichtung delegieren. Für die Haltung der Delegation gibt es sehr verschiedene Motive: Die Vorstellung vom Kindergarten als einer schulähnlichen Institution oder der Wunsch nach Entlastung, z.B. bei anstrengender Berufstätigkeit beider Eltern, bei vielen Kindern oder beim Hausbau. Schließlich gibt es auch Familien, die ihr Privatleben abschotten, die unsicher oder schüchtern sind, oder die vielleicht sogar desinteressiert sind an den Belangen ihrer Kinder; auch diese Familien sind nicht an einer Kooperation mit dem Kindergarten interessiert.

Eltern, die die Zusammenarbeit mit dem Kindergarten in Form von Delegation praktizieren, sind oft erstaunt, wenn Erzieherinnen intensive Elternarbeit realisieren wollen. Sie erwarten am ehesten knappe Informationen über wichtige Dinge, schätzen eine effektive Art der Zusammenarbeit und möglichst wenig Anforderungen.

Andere Eltern (Mütter) können sich kaum von ihrem Kind lösen, sie möchten alles genau wissen und erwecken den Eindruck, als lebten sie mit dem Kind im Kindergarten mit. Oft wirkt es, als wollten sie die Erzieherinnen kontrollieren, sie fragen kritisch nach. Diese Art der Zusammenarbeit möchte ich als Modus der Identifikation bezeichnen. Motive für eine solche Form der Zusammenarbeit sehe ich in einem großen Engagement für das Kind und in der Annahme, der Kindergarten sei eine Einrichtung mit geringem Institutionalisierungsgrad.

Während delegierende Eltern in der Erzieherin eine professionelle Pädagogin sehen und mit ihr eher geschäftlich umgehen, sehen identifizierte Eltern die Erzieherin primär als Vertraute ihres Kindes und möchten gerne eine persönliche Beziehung zu ihr entwickeln.

Schließlich gibt es Eltern, die den Erzieherinnen gegenüber vor allem im Modus der Beratungsbedürftigkeit auftreten, und als einen vierten Modus könnte man den Modus der Unterstützung bezeichnen. Eltern, die im Modus der Unterstützung kooperieren, suchen nach Möglichkeiten, die Erzieherinnen zu unterstützen, und im Sinne der Einrichtung als Ganzer zu agieren. Natürlich sind diese Modi nur analytisch zu trennen, in Wirklichkeit kommen sie unterschiedlich ausgeprägt und vermischt vor.

Ein ähnliches Szenarium kann ich auch auf der Seite der Erzieherinnen konstruieren: Ich sehe hier zum einen den Modus der Abgrenzung: Erzieherinnen markieren ihre Professionalität und signalisieren den Eltern, dass sie die Aufgaben im Binnenraum des Kindergartens übernehmen, dass der Kindergarten gut funktionieren muss. Dieser Modus ist nach den Ergebnissen von Rabe-Kleberg (2005) immer noch sehr weit verbreitet.

Zum anderen konstatiere ich einen Modus der »persönlichen Zuwendung«: Erzieherinnen bemühen sich um persönliche Beziehungen zu den Kindern und zu ihren Eltern, sie nehmen intensiven Anteil an deren Leben. Schließlich lässt sich ein Modus der Belehrung erkennen: Erzieherinnen fühlen sich dazu aufgerufen, Eltern zu belehren und zu beraten. Eine vierte Gruppe agiert im Modus der Ressourcenorientierung; Erzieherinnen, die diesen Modus praktizieren, sehen vor allem die produktiven Möglichkeiten der Eltern und trauen ihnen auch zu, sinnvoll im Rahmen des Kindergartens zu handeln.

Aus der Zusammenstellung wird leicht ersichtlich, dass sich bestimmte Modi von Eltern und Erzieherinnen gut ergänzen. Der Modus der Delegation auf Seiten der Eltern und der der Abgrenzung auf Seiten der Erzieherinnen passen gut zusammen. Wo beide, Eltern und Erzieherinnen ihn praktizieren, sind alle relativ zufrieden, obwohl wenig Zusammenarbeit stattfindet. Wenn gegenläufige Modi praktiziert werden, entsteht Frustration.

Die Identifikation dieser Modi der Zusammenarbeit erlaubt uns sowohl eine Analyse des aktuellen Zustandes als auch die Präzisierung der notwendigen Veränderungen. Es ist leicht nachzuvollziehen, dass die Modi der Unterstützung auf Seiten der Eltern und der Ressourcenorientierung auf Seiten der Erzieherinnen für eine intensive demokratisch-partizipative und partnerschaftliche Zusammenarbeit eine gute Basis sind.

Textauszug aus: Renate Thiersch: Familie und Kindertageseinrichtung. In: Bauer, P. & Brunner, J. (Hrsg.): Elternpädagogik. Lambertus, 2006, S. 80-106

4 Beschreibung der Ist-Situation

▲ Einleitung

In diesem Kapitel geht es darum, die Ausgangssituation in der eigenen Einrichtung zu beschreiben und zu analysieren. Dabei wird zum einen der Blick auf die Situation der Familien gerichtet, die zum Kindergarten gehören, und zum anderen wird die Zusammenarbeit mit Eltern untersucht, wie sie sich im Moment gestaltet.

Wenn Sie dieses Kapitel mit Ihrem Team und den Eltern durchgearbeitet haben, erhalten Sie
- einen Überblick über die Verschiedenheit der Familien Ihres Kindergartens und
- eine Sammlung und Bewertung der »Stationen einer Familie auf dem Weg durch unseren Kindergarten«.

Es finden sich dabei viele Ansatzpunkte für eine Veränderung und Intensivierung der Zusammenarbeit zwischen Erzieherinnen und Eltern.

Erziehungspartnerschaft richtet sich an alle Eltern. Aber nicht alle Eltern können auf die gleiche Weise angesprochen werden. Wer mit Familien zusammenarbeiten und sie in ihrer Erziehungsarbeit unterstützen will, muss ihre Lebenssituation kennen. Es ist leicht nachzuvollziehen, dass eine Familie mit dem dritten Kind in der Einrichtung, einem Einfamilienhaus mit Garten in guter Wohnlage andere Bedürfnisse und Ressourcen hat als z.B. eine Aussiedlerfamilie, die erst seit einem halben Jahr im Ort wohnt, in einer Dreizimmerwohnung eines Wohnblocks lebt und keine Verwandten in der Nähe hat. Es ist wichtig, genau hinzuschauen, wer die Eltern sind, um die eigenen Angebote und Aktivitäten den unterschiedlichen Bedürfnissen der Eltern besser anzupassen.

Mit der folgenden Aufgabe können Sie sich einen Eindruck von den Rahmenbedingungen verschaffen, die das Leben »Ihrer« Familien bestimmen. Dabei muss jede einzelne Familie ins Blickfeld genommen werden.

▶ Arbeitsschritt »Die Lebenssituation unserer Familien«

Auf die Erkenntnisse dieser Übung sollten Sie immer wieder zurückgreifen, wenn es um die Planung und Gestaltung von Angeboten und Aktivitäten für und mit Eltern bzw. Familien geht. So können Sie sicherstellen, dass Sie mit Rücksicht auf unterschiedliche Bedürfnisse und Möglichkeiten der Eltern planen. Ebenso hilfreich sind sie, wenn Sie auf der Suche nach Ressourcen sind, die die Bildungsangebote für »Ihre« Kinder erweitern und bereichern können.

Diese Übung kann direkt oder in Abwandlung in den pädagogischen Alltag einfließen, indem sie zu einem Bestandteil der Vorbereitung eines Entwicklungsgesprächs wird. Eventuelle Lücken oder auftauchende Fragen können im Entwicklungsgespräch geschlossen bzw. beantwortet werden.

Nach dem individuellen Blick auf die Familien werden die bestehenden Angebote und Aktivitäten beschrieben und bewertet. Gute Zusammenarbeit kann sich in jeder Begegnung zwischen Eltern und Kindergarten offenbaren. Unterstützung der Familien kann schon beginnen, bevor das Kind im Kindergarten ist. Jedes Zusammentreffen zwischen Familie und Kindergarten kann – unterschiedlich intensiv – für diese beiden Ziele genutzt werden. So könnten z.B. vor der Eingewöhnung eines Kindes in einem Elternabend die Erkenntnisse der Bindungstheorie und daraus abgeleitete Grundsätze für die Eingewöhnung erklärt werden. Eltern von größeren Kindern könnten über ihre Erfahrungen mit Eingewöhnung ihres Kindes berichten. Oder es werden Kontakte unter den neuen Eltern gefördert, bevor die Kinder in die Kita kommen. Deshalb ist es wichtig, diese Kontakte bewusst zu gestalten. Denn der gemeinsame Weg beginnt nicht erst mit dem Anmeldegespräch; schon viel früher kann es erste Begegnungen zwischen Familie und Kindergarten geben. Die Gestaltung dieser Kontakte kann das Gelingen einer Erziehungspartnerschaft nachhaltig beeinflussen.

Um zu einem schlüssigen Konzept in der Zusammenarbeit mit Eltern zu kommen, sollen alle »Stationen einer Familie auf dem Weg durch den Kindergarten« aufgezeigt und auf ihre Tauglichkeit für die Erziehungspartnerschaft und ihre Eignung für die Unterstützung von Erziehungsarbeit überprüft werden. Daraus können sich Hinweise auf sinnvolle Veränderungen in der Gestaltung der Begegnungen in Bezug auf Form und/oder Inhalt ergeben. Mit »Stationen« sind alle direkten und indirekten Begegnungs- und Kommunikationsformen zwischen Familie und Kindergarten, aber auch zwischen den Eltern untereinander oder zwischen Eltern und anderen Institutionen gemeint, wenn sie über den Kindergarten vermittelt werden.

Zur Vorbereitung dieser Arbeit muss eine Übersicht über alle »Stationen« in Ihrem Kindergarten erstellt werden. Zu diesem Zeitpunkt können die Eltern in das Projekt einbezogen werden.

▶ Arbeitsschritt »Stationen einer Familie auf dem Weg durch unseren Kindergarten«

Sie werden bestimmt viele »Stationen einer Familie auf dem Weg durch den Kindergarten« sammeln können. Nicht jede Aktivität ist gleich arbeitsintensiv: Manche sind sehr aufwändig zu organisieren, andere nicht. Auch der Nutzen für die Beteiligten ist unterschiedlich hoch. Um sich darüber Klarheit zu verschaffen, werden die Stationen einer Portfolio-Analyse unterzogen. Dabei soll bewusst gemacht werden, wieviel Aufwand für die Gestaltung und Durchführung einer Maßnahme erforderlich ist und welcher Ertrag damit erzielt werden kann.

Wenn Sie die »Stationen einer Familie« nicht schon gemeinsam mit Eltern aufgelistet haben, werden Sie sie spätestens zu diesem Zeitpunkt zur Mitarbeit einladen. Denn die Bewertung erfolgt im ersten Projekttreffen durch Eltern und Erzieherinnen gemeinsam. Hier werden die unterschiedlichen Perspektiven erkennbar, aus denen heraus die Stationen bewertet werden.

▶ Arbeitsschritt »Erstes Projekttreffen: Unsere Zusammenarbeit mit Eltern«

▲ Arbeitsschritte

△ Arbeitsschritt »Die Lebenssituation unserer Familien«

Ziel: Kenntnis der Lebenssituation jeder einzelnen Familie sowie ihrer Bedürfnisse und Ressourcen.

Teilnehmerinnen: Alle Erzieherinnen.

Material: Große Plakate und dicke Stifte.

Ablauf: Alle Erzieherinnen, die für dieselben Kinder Bezugserzieherinnen sind und somit intensiven Kontakt zu deren Familie haben, schließen sich zu je einer Arbeitsgruppe zusammen und bearbeiten folgende Fragestellungen:

- Stellen Sie sich eine Familie aus Ihrer Kindergruppe vor und beschreiben Sie diese mit Stichworten. Tragen Sie für diese Beschreibung alle Informationen zusammen, die Sie zu dieser Familie haben.
- Überlegen Sie, was diese Familie benötigen könnte, und notieren Sie Ihre Vermutungen. Greifen Sie dabei sowohl auf Ihr Wissen zurück (z.B.: »Frau M. hat mir neulich erzählt, dass sie sehr gerne mehr über Kinderernährung wüsste«) als auch auf Ihre Phantasie (z.B.: »Wenn ich mir vorstelle, dass ich in dieser Situation leben würde, wäre ich froh über Angebote zur Freizeitgestaltung für die ganze Familie. Denn bei der Belastung, die ich dann im Alltag hätte, bliebe mir kaum Zeit, so etwas für mich und meine Familie zu organisieren«).

Name und Beschreibung	Diese Familie könnte brauchen:	Diese Familie könnte einbringen:	Kontakt über …

- Halten Sie auf der Wandzeitung auch fest, was diese Familie an Ressourcen besitzt, die sie einsetzen könnte, um das Leben im Kindergarten bunter und vielfältiger zu gestalten, z.B.:
  - eine Familie besitzt eine Bäckerei, die die Kinder besuchen könnten,
  - ein Opa kann das Kindergartenspielzeug reparieren,
  - eine Mutter ist Sportlehrerin und kann mit den Kindern Bewegungsspiele machen,
  - eine Großmutter liebt Bilderbücher und kann im Kindergarten vorlesen,
  - eine Mutter kommt aus Polen und kann den Kindern polnische Kinderspiele zeigen und von ihrer Heimat erzählen.
- Zuletzt überlegen Sie, wer wie am besten Kontakt zu dieser Familie herstellen kann:
  - Glauben Sie, dass diese Familie in der Lage ist, ihre Bedürfnisse und Ressourcen selbst zu äußern (z.B. bei einer mündlichen oder schriftlichen Befragung)?
  - Wer aus dem Team hat einen guten Draht zu einem Familienmitglied?
  - Welche anderen Eltern verstehen sich gut mit dieser Familie?
  - Wer sonst könnte die Bedürfnisse und Ressourcen dieser Familie kennen?

Nach diesem Muster verfahren Sie mit allen anderen Familien, die Ihnen zugeordnet sind.

Wenn die Arbeit in der Arbeitsgruppe getan ist, stellen Sie Ihre Wandzeitungen nacheinander im Plenum vor und bitten um Ergänzungen oder Korrekturen:

- Stimmen die anderen mit Ihrer Beschreibung der jeweiligen Familie überein?
- Gibt es Ergänzungen oder andere Perspektiven?
- Sehen die Kolleginnen die gleichen und/oder andere Bedürfnisse?
- Könnte die Familie noch anderes einbringen?
- Wie schätzen die anderen Erzieherinnen die Zugangsmöglichkeiten zu dieser Familie ein? Wer hat zur beschriebenen Familie einen guten Kontakt?

Zum Abschluss treffen Sie sich zu einer Auswertungsrunde im Team:

- Was ist mir bei der Arbeit aufgefallen?
- Was war neu oder überraschend für mich?

△ Arbeitsschritt »Stationen einer Familie auf dem Weg durch den Kindergarten«

Ziel: Überblick über alle Begegnungs- und Kontaktmöglichkeiten zwischen Familie und Kindergarten.

Teilnehmerinnen: Alle Erzieherinnen und je nach Durchführungsvariante auch Eltern.

Material: Große Wandzeitung oder Pinnwand und Karten sowie dicke Filzstifte.

Ablauf: In der ersten Runde notieren die Erzieherinnen »die Stationen einer Familie«. Das Ergebnis wird kindergartenöffentlich gemacht und die Eltern werden um Ergänzungen gebeten.

> **Stationen einer Familie auf dem Weg durch den Kindergarten**
>
> Liebe Eltern,
> im Rahmen des Projekts »Erziehungspartnerschaft« wollen wir – Erzieherinnen und Eltern – unsere Zusammenarbeit mit Ihnen überprüfen. Dazu sammeln wir alle »Stationen«, wo sich Kindergarten und Eltern begegnen. Vielleicht haben wir etwas vergessen. Bitte ergänzen Sie unsere Liste:
> ...
> ...
> ...

Varianten: Natürlich kann diese Sammlung auch auf anderen Wegen zustande kommen, z.B. bei einem Brainstorming während eines Elternabends oder im Rahmen einer Arbeitsgruppe aus Erzieherinnen und Eltern bzw. Elternbeirat.

Zum Schluss wird die Sammlung sortiert (z.B. chronologisch) und dokumentiert, damit immer wieder darauf zurückgegriffen werden kann. Das Ergebnis wird allen Beteiligten durch einen Aushang oder ein Protokoll zugänglich gemacht (vgl. das Beispiel unter ▶ Beispiele und Anregungen).

△ Arbeitsschritt »Erstes Projekttreffen[1]: Unsere Zusammenarbeit mit Eltern«

Ziel: Einstieg in die gemeinsame Arbeit am Thema Erziehungspartnerschaft und Bewertung der Zusammenarbeit zwischen Eltern und Erzieherinnen.

Teilnehmerinnen: Alle Erzieherinnen und interessierte Eltern.

Material: Wandzeitungen, dicke Filzstifte, »Stationen« auf einzelne Karten geschrieben, zwei Seile zur Markierung der vier Portfolio-Felder, vier Feldnamen (»Arme Hunde«, »Fragezeichen«, »Sterne«, »Milchkühe«) und zwei Achsenbezeichnungen (Aufwand, Ertrag).

Ablauf:

1. Einstieg in die Projektarbeit mit Eltern

Bevor Sie mit dem eigentlichen Thema des ersten Projekttreffens – der Portfolio-Bewertung der Stationen – beginnen, sollten Sie einen Überblick über das Projekt geben (hierzu können Sie z.B. auf die Übersicht über dieses Arbeitsbuch zurückgreifen). Erstellen Sie ein Plakat, das bei jedem Projekttreffen die Orientierung gibt und die Fortschritte der gemeinsamen Arbeit sichtbar macht.

Das Projekt »Erziehungspartnerschaft soll in folgenden Schritten ablaufen:
1.
2.
3.
...

Es ist wichtig, die verschiedenen Erwartungen und Ziele, mit denen Eltern und Erzieherinnen in das Projekt hineingehen, öffentlich zu machen, zu diskutieren und gegebenenfallszu korrigieren. Halten Sie diese auf einem weiteren Plakat fest.

Durch meine Mitarbeit will ich erreichen, dass...
•
•
•
...

Auch die Vereinbarung von Regeln gehört zu den Grundlagen der Zusammenarbeit im Projekt und steht deshalb ebenfalls am Anfang des Projekttreffens. Visualisieren Sie diese auf einem dritten Plakat.

Für unsere Zusammenarbeit im Projekt gelten folgende Regeln:
•
•
•
...

Die Plakate müssen bei allen Projekttreffen präsent sein, sie bilden die Grundlage der Projektarbeit.

1 Allgemeine Anmerkungen zu den Projekttreffen finden Sie im Anhang unter »Moderationsmethoden«.

2. Portfolio-Bewertung der »Stationen einer Familie«

Markieren Sie mit zwei Schnüren vier Felder auf dem Fußboden. Bezeichnen Sie die Felder mit den zwei Achsenbezeichnungen und den vier Feldnamen (siehe unten).

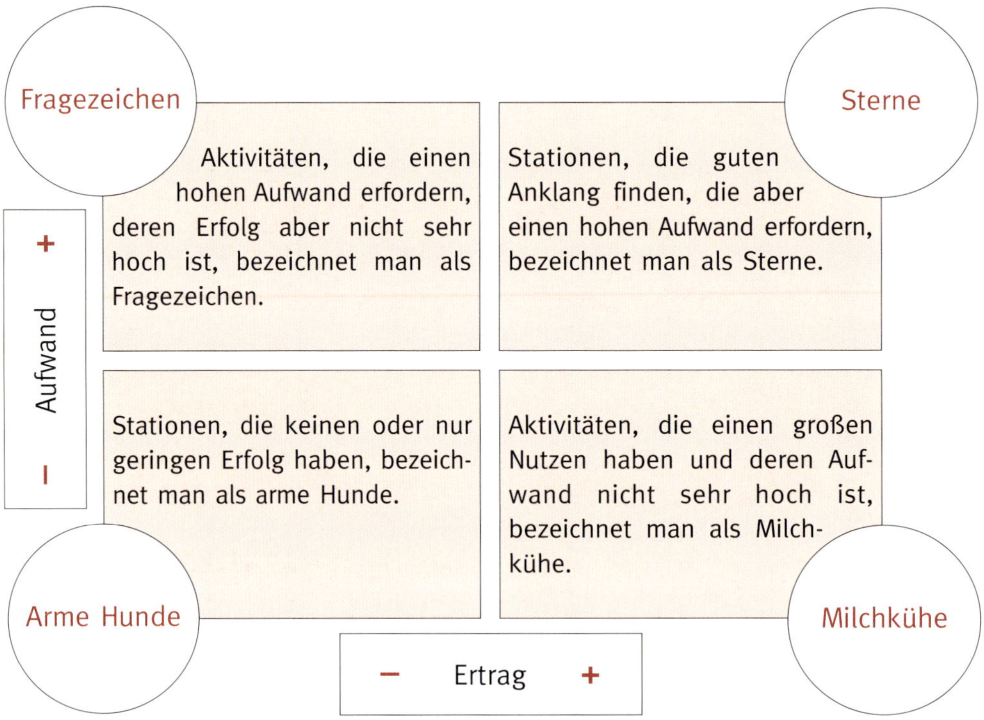

Legen Sie die Karten mit den »Stationen einer Familie« für alle sichtbar aus.

Erklären Sie den Teilnehmerinnen die Bedeutung der Achsen und der einzelnen Felder:

- »Aufwand« kann dabei z.B. der finanzielle Aufwand sein oder die erforderliche Vorbereitungszeit, die Anzahl der benötigten Helferinnen oder die dafür strapazierten Nerven.
- »Erfolg« lässt sich beispielsweise an der Teilnehmerzahl oder der Zufriedenheit der Zielgruppe messen, am damit erwirtschafteten Geld oder am Zuwachs an Ansehen und Bekanntheit.

Fordern Sie die Teilnehmerinnen auf, sich die Stationen anzuschauen und abzuschätzen, wie hoch der »Aufwand« und der »Ertrag« sind, und wo diese Karten ihrer Meinung nach einzuordnen wären. Wer einen Vorschlag machen will, nimmt die entsprechende Karte und begründet seine Zuordnung.

Es ist denkbar, dass andere Teilnehmerinnen der vorgeschlagenen Zuordnung widersprechen. Das kann daran liegen, dass die Frage nach dem Aufwand oder dem Ertrag sich für jede Gruppe anders darstellt. So kann ein Sommerfest für die Eltern zu den »Milchkühen« gehören, weil sie und ihre Kinder das bunte Angebot genießen, sie mit der Vorbereitung und Durchführung aber nicht befasst sind. Die Erzieherinnen hingegen sehen zwar die Zufriedenheit der Familien, aber auch den Aufwand, den sie für eine originelle Gestaltung des Festes erbringen müssen, und ordnen das Sommerfest entsprechend den »Sternen« zu. Verschiedene Perspektiven müssen deutlich benannt werden. Ergibt sich kein gemeinsamer Nenner, kann eine Karte auch mehrfach und entsprechender unterschiedlichen Bewertungen ins Portfolio eingefügt werden. Diese Stationen müssen später einer weiteren Analyse unterzogen werden.

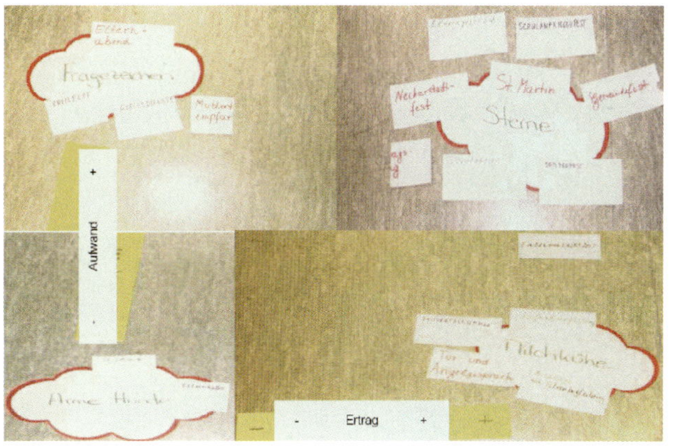

Wenn alle Karten sortiert sind, werden Konsequenzen aus den vorgenommenen Zuordnungen gezogen:

- »Arme Hunde« werden »beerdigt« – im Moment rechtfertigen sie nicht einmal den geringen Aufwand, den sie erfordern. Man kann aber auch überlegen, ob sich mit erhöhtem Aufwand noch etwas aus ihnen machen lässt. So könnten z.B. im Gemeindeblatt veröffentlichte Öffnungszeiten des Kindergartens mit redaktionellen Beiträgen ergänzt werden.
- »Fragezeichen« haben die Chance zu »Sternen« zu werden. Beispiel: Ein Elternabend könnte besser angenommen werden, wenn nach dem offiziellen Teil noch eine gesellige Runde folgt.
- »Sterne« verbleiben im Angebot. Es ist aber zu prüfen, ob sich der Aufwand durch Einsatz von Checklisten, Routinen oder durch eine den Ertrag nicht deutlich schmälernde Verringerung des Angebots reduzieren lässt, damit sie »Milchkühe« werden.
- Die »Milchkühe« bleiben natürlich im Programm und werden »gemolken« solange sie ausreichenden Ertrag bringen. Dies muss immer wieder überprüft werden, damit nicht übersehen wird, wenn der Ertrag langsam sinkt.

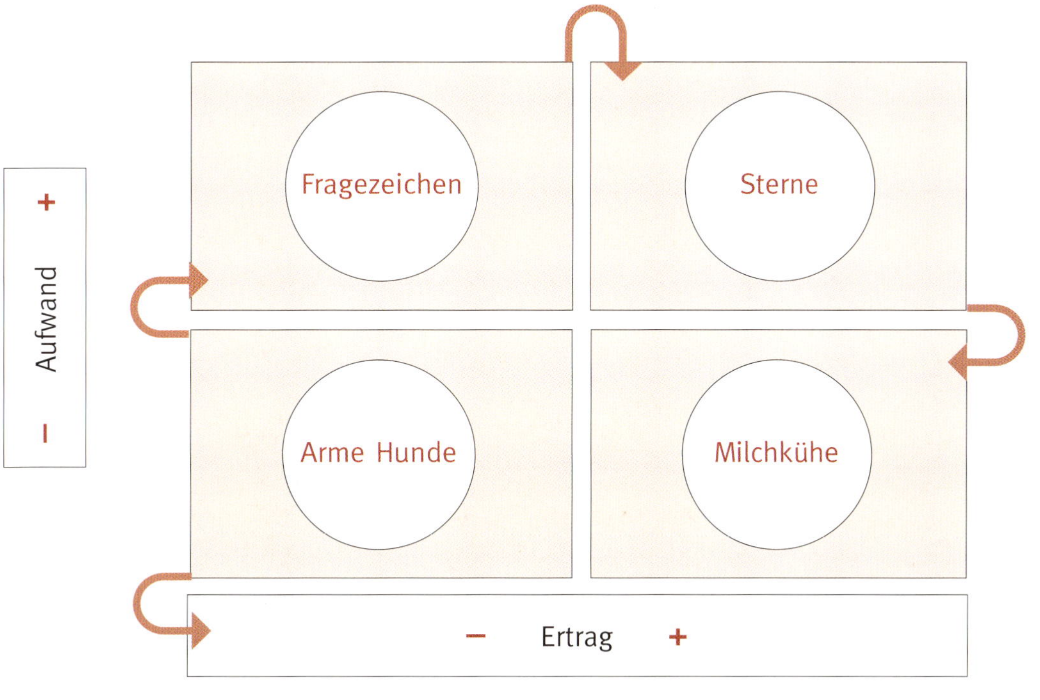

Planen Sie, wann Sie die Stationen genauer analysieren wollen. Bilden Sie Arbeitsgruppen, die Vorschläge zum weiteren Umgang mit »Fragezeichen« und »Armen Hunden« machen.

Für die Fortsetzung der Arbeit ist es hilfreich, näher aufzuschlüsseln, wer in welcher Form von einer Station profitiert, und den Aufwand dementsprechend zu verteilen: Ist z.B. der größte Nutznießer der Kindergartenzeitung die Gemeinde, könnte die Gemeindesekretärin das Layout dafür erstellen. Oder man denkt darüber nach, wie durch kleine Veränderungen in der Gestaltung der Nutzen einer Station deutlich erhöht werden kann: Wenn der Kindergottesdienstes mit einer anschließenden »offenen Tür« im Kindergarten kombiniert wird, kann der Arbeitseinsatz genutzt werden, um Werbung für die Einrichtung zu machen.

▲ Beispiele und Anregungen

△ Beispiel: Stationen einer Familie auf dem Weg durch unseren Kindergarten

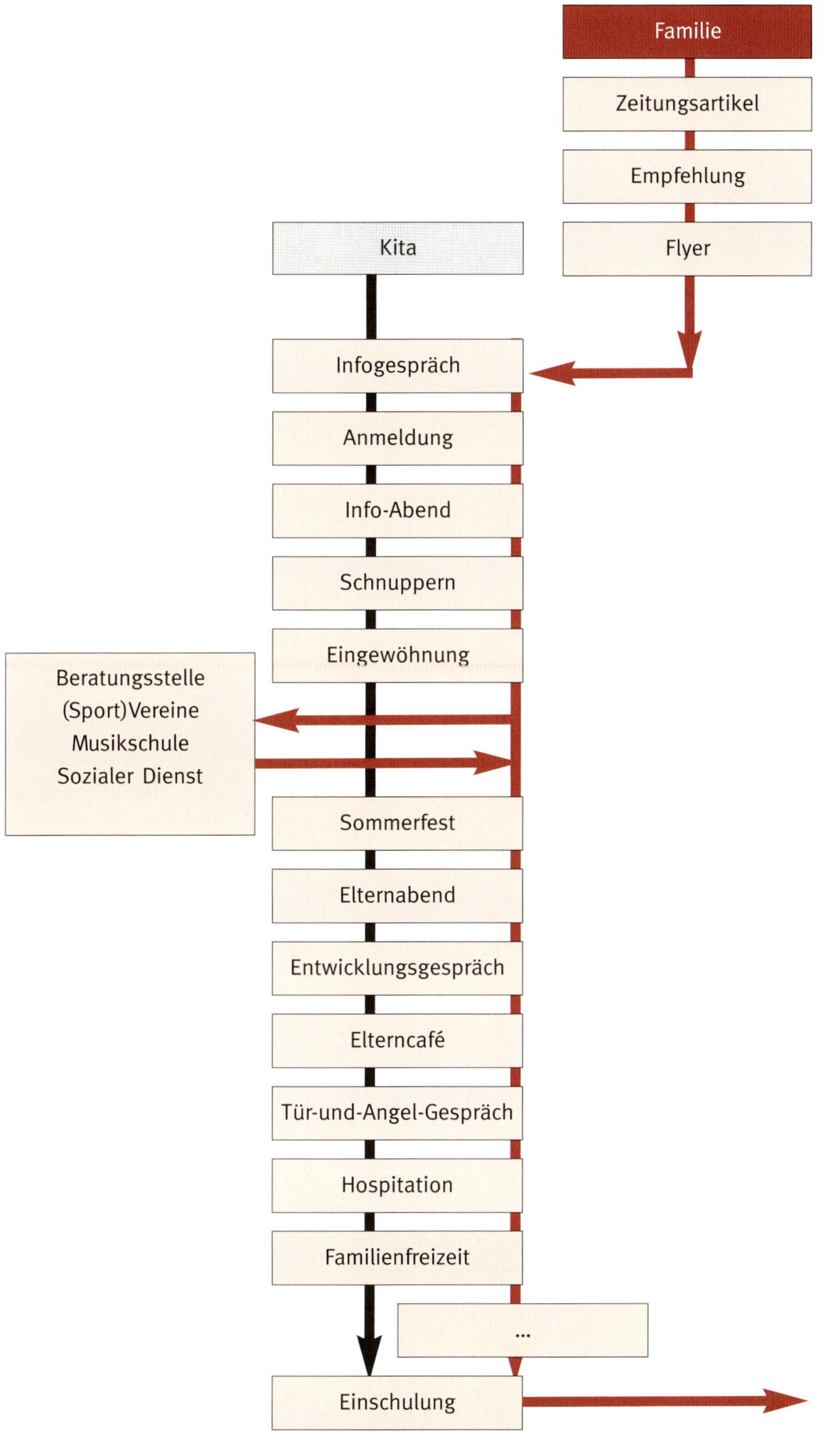

'05 KITA TERMINE
FREESTYLE

5 Überprüfung und Weiterentwicklung zentraler Formen der Zusammenarbeit

▲ Einleitung

Im Kapitel 4 haben Sie sich einen Überblick über die Familien Ihres Kindergartens sowie über die Formen der Zusammenarbeit mit ihnen erarbeitet. Sicher haben Sie in der Portfolio-Analyse einige »Sterne« und »Milchkühe« gefunden, aber auch »Fragezeichen« oder »Arme Hunde« erkannt. An diesen für Ihre Einrichtung spezifischen Erkenntnissen gilt es weiterzuarbeiten – für die Art und Weise können hier jedoch keine allgemein gültigen Hinweise gegeben werden.

Dieses Kapitel gibt Anregungen, wie die für die Gestaltung einer Erziehungspartnerschaft zentralen »Stationen« gemeinsam mit Eltern beleuchtet werden können.

Zu diesen gehört als erstes der »Einstieg der ganzen Familie«. Bei Übergängen von einer Lebenssituation in eine andere (Transitionen) sind Menschen besonders empfänglich für Unterstützung und Begleitung. Umgekehrt reagieren sie auf fehlende Zuwendung und Unterstützung besonders sensibel (Kap. 5.1).

Anschließend soll überlegt werden, wie regelmäßige Entwicklungsgespräche zwischen Eltern und Erzieherinnen die Zusammenarbeit positiv beeinflussen können (Kap. 5.2).

Auch die Rolle, die Eltern im Kindergartenalltag spielen, hat nachhaltige Auswirkungen auf ein Miteinander zwischen Familien und Kindergarten (Kap. 5.3).

Erziehungspartnerschaft funktioniert nicht ohne Kommunikation, deshalb muss auch diese auf den Prüfstand (Kap. 5.4).

Wichtig ist es, die erarbeiteten Konzepte für einzelne Stationen zu dokumentieren. Schon bei der Erstellung der Dokumentation wird überprüft, ob und wo es im Ablauf Schwachstellen oder Unklarheiten gibt. Dokumentierte Prozesse können Routinen werden, auf die einfacher zurückgegriffen werden kann. So wird durch die Aufzeichnung jedes einzelnen Schrittes sichergestellt, dass der Prozess immer und von allen nach denselben Abläufen durchgeführt wird. Außerdem sind so alle Beteiligten informiert, wer bei welchem Schritt was getan hat.

Wenn Sie noch nicht mit einem QM-System arbeiten, können Sie sich an die im folgenden Arbeitsschritt vorgestellte Vorgehensweise halten.

▲ Arbeitsschritte

△ Arbeitsschritt »Erarbeiten und Dokumentieren eines Prozesses am Beispiel des Einstiegs der Familie«

Ziel: Überprüfung und Dokumentation wiederkehrender Prozesse und Abläufe.

Teilnehmerinnen: Richtet sich nach dem dokumentierten Prozess.

Material: Bereits vorhandene Prozessbeschreibungen, Info-Blätter u.a.

Ablauf:
1. Schritt: Vorab ist zu klären, um welchen Prozess es geht – also z.B. »vom unangemeldeten Erstkontakt bis zum Auswertungsgespräch der Eingewöhnung« oder auch »Planung und Durchführung eines Elternabends«.

2. Schritt: Alle dazu gehörenden Informationen werden gesammelt, gesichtet und vorsortiert – z.B. alle Stationen der Einstiegsphase samt deren Inhalten und Zuständigkeiten.

3. Schritt: Hier erfolgt die chronologische Sortierung und eindeutige Beschreibung der einzelnen Prozessschritte – für manche Schritte empfiehlt es sich, Checklisten anzulegen, um deren Inhalte festzuschreiben und damit transparent zu machen und abzugleichen.

Diese drei Schritte (mindestens aber die ersten zwei) sollten möglichst von einem Team, das mit dem Thema vertraut ist, erarbeitet werden. Macht nur eine Person diese Arbeit, besteht die Gefahr, dass anderen Projektteilnehmern die Korrektur und Ergänzung der Vorlage schwerfällt, wenn sie zu perfekt erscheint.

Abläufe lassen sich mit Hilfe eines »Flussdiagramms« dokumentieren. Dabei ist auf Folgendes zu achten:
- Der Detaillierungsgrad der Darstellung ist beliebig.
- Das Flussdiagramm wird grundsätzlich chronologisch von oben nach unten gezeichnet.
- Da nur eine begrenzte Symbolik zur Verfügung steht, sind textliche Ergänzungen – eventuell in Form von Anlagen – oft notwendig.
- Die wesentlichen Symbole für ein Flussdiagramm sind im Kasten auf der nächsten Seite aufgeführt. Es gibt noch weitere Symbole, die hinzugezogen werden können, wenn man sich ausführlicher mit dieser Darstellungs-methode beschäftigen will.

4. Schritt: Der Entwurf des Ablaufs wird durch die »Spezialistinnen« im Prozess (z.B. Leiterin, Erzieherinnen, Eltern) überprüft und die Beschreibung gegebenenfalls ergänzt oder verändert.

5. Schritt: Zum Schluss erfolgt die Verabschiedung der Dokumentation durch die Verantwortlichen.

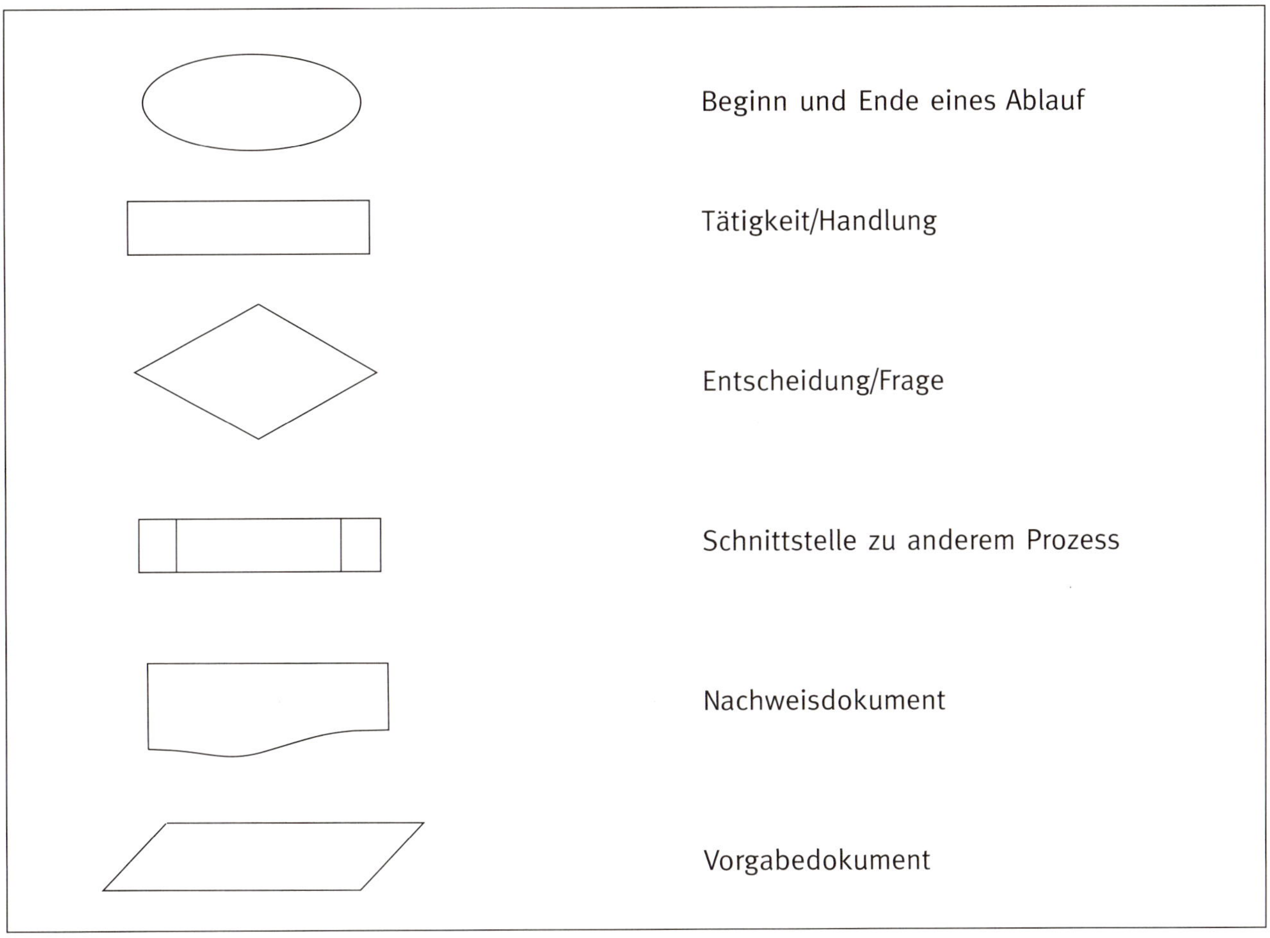

6. Schritt: Jeder so dokumentierte Prozess muss regelmäßig durch Reflexion im Team und Befragung von Beteiligten überprüft werden. Eventuell nötige Änderungen werden in die Dokumentation eingearbeitet und verabschiedet.

▲ Beispiele und Anregungen

△ Beispiel: Willkommen in der Kita mit der ganzen Familie – Flussdiagramm

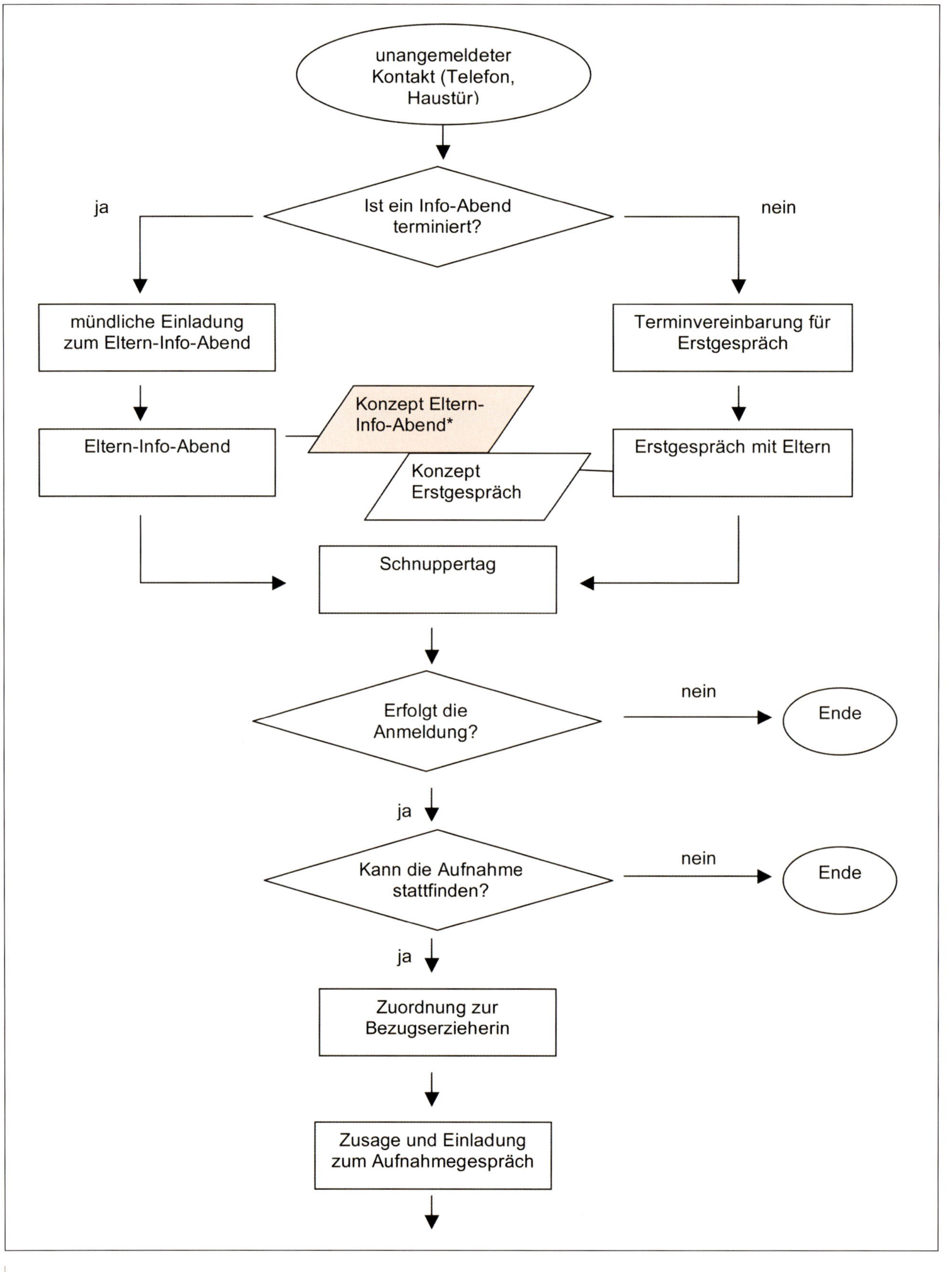

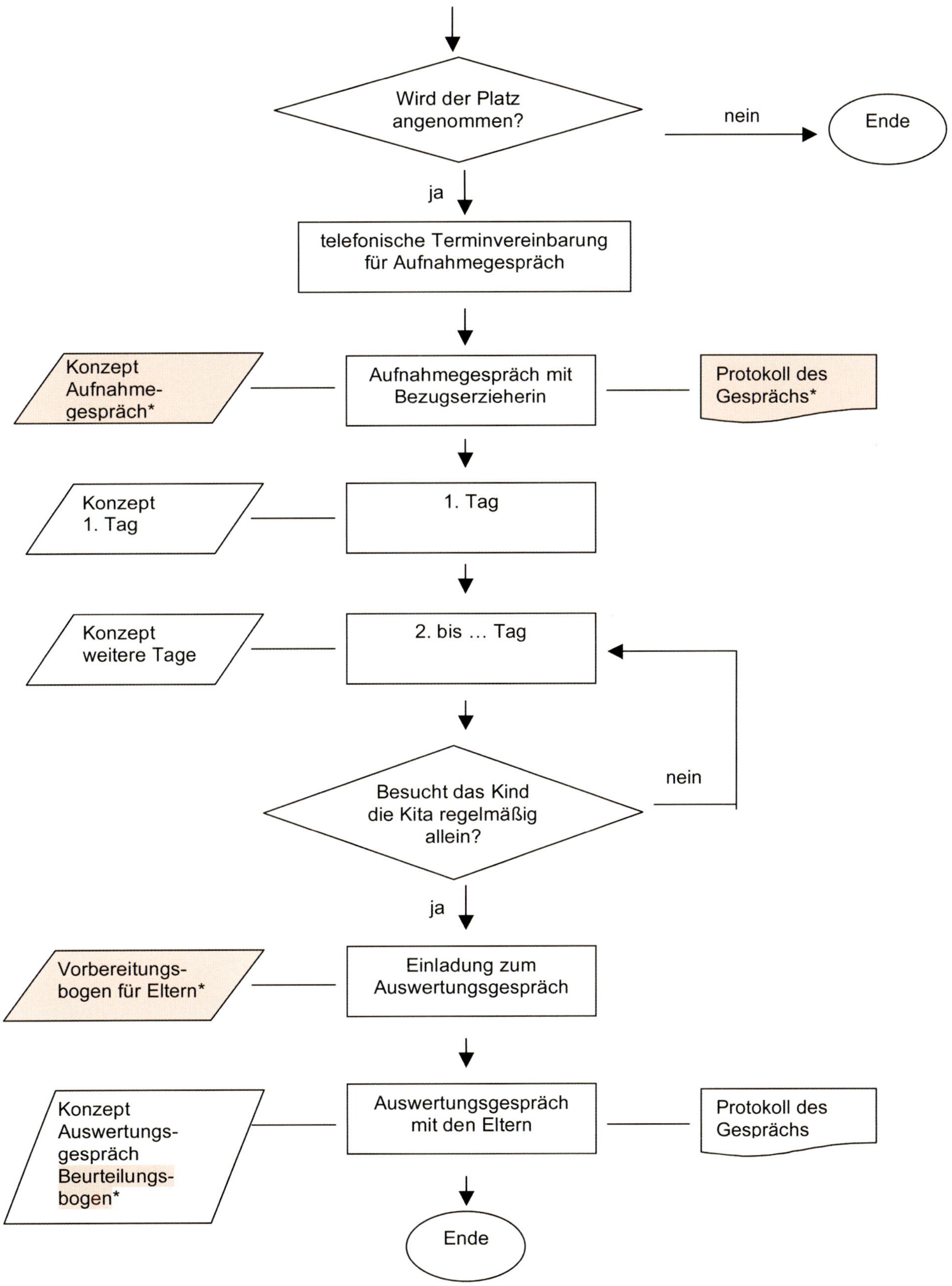

*Zu den farbig unterlegten Elementen des Flussdiagramms finden Sie in Kapitel 5 Beispiele aus unterschiedlichen Kindertageseinrichtungen.

5.1 Willkommen im Kindergarten mit der ganzen Familie

▲ Einleitung

Erziehungspartnerschaft kann nicht von Eltern erwartet, sondern nur von den Erzieherinnen angeboten werden. Sie braucht Zeit zu wachsen und beginnt mit der ersten Begegnung. Gelingt es gleich zu Beginn der Zusammenarbeit die Weichen positiv zu stellen, wirkt sich das auf den weite-ren Verlauf nachhaltig aus. Es lohnt sich deshalb, dem Willkommen der ganzen Familie des Kindes viel Zeit und Aufmerksamkeit zu widmen und sich nicht nur auf die Eingewöhnung des Kindes zu konzentrieren. Auch Eltern müssen sich beim Eintritt ihres Kindes in den Kindergarten in eine neue Rolle – die der Eltern eines Kindergartenkindes – einfinden. Sie müssen vor allem Vertrauen in ihnen unbekannte Menschen einer Institution entwickeln, an die sie ihr Kind abgeben. Um für alle Beteiligten den Einstieg passend zu gestalten, müssen ihre unterschiedlichen Interessen und Ziele bekannt sein. Daraus lassen sich hilfreiche Gestaltungsideen für die einzelnen Stationen des Starts in den Kindergarten entwickeln. Wie diese Einstiegsphase gestaltet werden kann, wird in einem zweiten Projekttreffen erarbeitet.

▶ Arbeitsschritt »Zweites Projekttreffen: Willkommen im Kindergarten mit der ganzen Familie«

Lange bevor Sie die ersten Worte mit neuen Eltern wechseln, haben diese einen ersten Eindruck von Ihrer Einrichtung – den vom Gebäude des Kindergartens: innen und außen. Dieser kann positiv oder negativ sein – auf jeden Fall prägt er den weiteren Kontakt nachhaltig. Nachträglich diesen ersten Eindruck zu ändern, gestaltet sich schwierig. Der Mensch neigt dazu, nach Bestätigung seiner Meinung zu suchen und nicht nach Ablehnung dieser. Es lohnt also, genauer hinzuschauen, was Eltern beim Betreten Ihres Kindergartens wahrnehmen – und ob sie überhaupt den Weg zu Ihnen finden. Um das zu prüfen, planen Sie – am besten gemeinsam mit Eltern – eine Begehung Ihrer Einrichtung.

▶ Arbeitsschritt »Willkommen im Kindergarten – räumlich gesehen«

▲ Arbeitsschritte

△ Arbeitsschritt »Zweites Projekttreffen: Willkommen im Kindergarten mit der ganzen Familie«

Ziel: Kennenlernen der Wünsche und Ziele der Beteiligten (Eltern, Kinder, Erzieherinnen) und Berücksichtigung dieser in der Gestaltung der Willkommensphase.

Teilnehmerinnen: Alle Erzieherinnen und interessierte Eltern.

Material: Karten in drei unterschiedlichen Farben, dicke Filzstifte.

Ablauf: Bei dieser Arbeitseinheit »geben« die Eltern mehr als sie »nehmen« werden. Sie sind schon im Kindergarten »angekommen«, ihr Kind gut eingewöhnt und sie arbeiten engagiert mit. Ihnen gilt im Voraus ein Dank für ihr Mitdenken bei diesem Projekttreffen!

Beim Einstieg geht es um die Zeitspanne »vom ersten persönlichen Kontakt zwischen Kindergarten und Familie« bis zum »regelmäßigen Kindergartenbesuch des Kindes«. Nehmen Sie sich deshalb zum Einstieg in die gemeinsame Arbeit noch einmal die »Stationen einer Familie« zur Hand und schauen Sie, welche einzelnen Stationen zur Willkommensphase gehören.

Beschreiben Sie den Stand das Verfahren, damit alle Teilnehmerinnen über die gleichen Informationen verfügen.

Prüfen Sie, ob Begriffe und Abgrenzung der einzelnen Phasen für alle eindeutig sind: Wann beginnt das Schnuppern? Schon beim ersten Besuch in der Kita oder erst, wenn der Vertrag unterschrieben ist und die Eingewöhnung beginnt? Ist dieses Vorgehen für alle verbindlich oder wird es in den verschiedenen Gruppen unterschiedlich gehandhabt? Arbeiten Sie erst dann weiter, wenn alle wissen, was mit welchem Begriff verbunden ist.

Bilden Sie nun drei Arbeitsgruppen, die die Perspektiven der drei Hauptbeteiligten des Einstiegs einnehmen:
- die Arbeitsgruppe für die »Erzieherinnenperspektive«, mit Erzieherinnen besetzt,
- die Arbeitsgruppe für die »Elternperspektive«, von Eltern besetzt, und
- die Arbeitsgruppe für die »Kindperspektive«, von Eltern und Erzieherinnen besetzt.

Jede Gruppe erhält Karten in einer Farbe sowie dicke Filzstifte. Durch die unterschiedlichen Farben sind die Beiträge auch später als die der »Eltern«, »Erzieherinnen« oder »Kinder« erkennbar.

In diesen drei Gruppen wird erarbeitet, was den Einzelnen in der Einstiegsphase wichtig ist. Dabei hilft die Beantwortung der folgenden Fragen:

»Wenn ich mich in die Rolle neuer Eltern/eines neuen Kindes bzw. der Erzieherinnen hineinversetze und an den Einstieg in den Kindergarten denke:
- wie fühle ich mich?
- was will ich wissen, fragen, beobachten?
- was will ich sagen, mitteilen, ausdrücken?
- was will ich mitnehmen?«

Die Antworten werden in Stichworten auf die Karten geschrieben.

Im Plenum werden die unterschiedlichen Perspektiven vorgestellt, gegebenenfalls ergänzt und wenn möglich, den verschiedenen Stationen zugeordnet. Gehört eine Karte an mehrere Stellen, so kann sie auch mehrfach geschrieben und zugeordnet werden. Anschließend wird gemeinsam überlegt, wie jede Station gestaltet werden kann, um den Bedürfnissen und Wünschen möglichst aller Beteiligten gerecht zu werden. Bei sich widersprechenden Bedürfnissen muss abgewogen werden, welchen aus welchen Gründen der Vorrang gegeben wird.

Am Ende sollte der gesamte Prozess des Einstiegs der ganzen Familie ausführlich dokumentiert und gegebenenfalls mit Checklisten oder Leitfäden ergänzt werden.

△ Arbeitsschritt »Willkommen im Kindegarten – räumlich gesehen«[1]

Ziel: Positiver erster Eindruck vom Kindergarten.

Teilnehmerinnen: Erzieherinnen und interessierte Eltern.

Material: Protokollbögen und Stifte.

Ablauf: Bilden Sie Arbeitsgruppen von drei bis vier Personen (am besten gemischte Teams) und geben Sie jeder von ihnen eine der folgenden Anweisungen:

Stellen Sie sich vor, Sie sind...*
- ein Vater, der in seiner Mittagspause sein Kind zum ersten Mal abholt,
- eine interessierte Familie, die ihr Kind anmelden will,
- eine fremdsprachige Oma, die zu Besuch bei ihren Kindern ist und ihren Enkel in den Kindergarten bringt.

Beginnen Sie auf der Straße, gehen Sie auf Ihre Einrichtung zu und in den Kindergarten hinein.
- Wie geht es Ihnen auf dem Weg zum und in den Kindergarten?
- Wie sind Sie in den Kindergarten hineingekommen?
- Welche Gefühle hatten Sie im Eingangsbereich?
- Was ist Ihnen alles passiert?
- Was würde Ihnen die Orientierung erleichtern?
- Was müssten Sie vorfinden, damit Sie sich willkommen fühlen?
- Welchen Eindruck haben Sie vom Kindergarten insgesamt?

Notieren Sie Ihre Erlebnisse und Ergebnisse.

* Natürlich können Sie auch andere, für Sie passendere Beispielbesucher auswählen.

Anschließend kommen Sie im Plenum zusammen und tauschen Ihre Erlebnisse aus. Überlegen Sie, welche Veränderungen aus den Erfahrungen heraus sinnvoll wären. Verabreden Sie, wer sie bis wann und wie umsetzen wird.

1 In Anlehnung an »Der erste Eindruck« in Caritasverband für die Erzdiözese Freiburg, 2006, S. 9

▲ Beispiele und Anregungen

△ Beispiel: Auszug aus dem Protokoll eines Projekttreffens

Um mit dem Thema vertraut zu werden, wird der Ist-Zustand mit Hilfe von Karten beschrieben.

Danach erarbeiten die Teilnehmerinnen die unterschiedlichen Perspektiven der Beteiligten (Eltern, Kinder, Erzieherinnen). Sie überlegen, welche Ziele während der Willkommensphase erreicht werden sollen. Die Ergebnisse werden im Plenum präsentiert und den verschiedenen Stationen dieser Phase zugeordnet:

	Erzieherinnen wollen sagen/ fragen/erreichen	Stationen des Einstiegs	Eltern wollen fragen/sagen/erreichen:	Kinder wollen sagen/fragen/erreichen:
1		1. Station: Anruf/Klingeln		
2		2. Station: Termin zum Anschauen		
3		3. Station: Voranmeldungsbogen besprechen	• Öffnungszeiten • Ferienregelung	
4		4. Station: Elternabend für neu aufgenommene Eltern mit Vorträgen und einer Hausführung	• Konzept der Kita • Gehen die Kinder oft ins Freie? • Tagesablauf	
5		5. Station: Termin für Eltern und Kind mit Hausführung	• In welche Gruppe kommt mein Kind?	
6	Vorstellungen der Eltern	6. Station: Anmeldung		
7	Erreichen: • kooperative Zusammenarbeit mit Eltern • Selbstständigkeit des Kindes • Eltern haben ein gutes Gefühl • Kinder kommen gerne in die Kita • Loslassen in die Gemeinschaft Fragen: • Besonderheiten und Bedürfnisse des Kindes • Vorgeschichte des Kindes • aktuelle Tagesform des Kindes Sagen: • wir holen Ihr Kind dort ab, wo es steht • Ihr Kind fühlt sich geborgen/wohl • wir sind jederzeit für Sie ansprechbar	7. Station: Eingewöhnung • maximal 2 – 3 Kinder pro Gruppe gleichzeitig mit Bezugsperson • keine Trennung am 1. Tag – danach nach Absprache	Erreichen: • Kind und Eltern fühlen sich wohl • schnelle Eingewöhnung • Rückmeldung zu meinem Kind • sich ernst genommen fühlen Fragen: • Weint mein Kind? Spielt mein Kind? • Ist mein Kind in guten Händen? Sagen: • »Ich bin zu jeder Zeit schnell erreichbar und verfügbar« (Handy, Telefon)	Erreichen: • Freunde finden und Spaß haben • Erobern sich Freiheit und Selbstständigkeit in ihrer kindgerechten Welt • wollen ihren Willen durchsetzen, wie sie es von zu Hause kennen Fragen: • Was gibt es zum Spielen? • Wo geht Mama hin? Wann kommt Mama? • Hilft mir jemand? • Darf ich raus? Frage an die Erzieherin: • Hast Du mich lieb? Frage an die Mutter: • Darf die Erzieherin das? Sagen: • Guck mal und nimm mich wahr/Aufmerksamkeit • Nein

In einer anschließenden Diskussion werden verschiedene Aspekte angesprochen:

- Viele Ziele werden den zeitlich späteren Stationen zugeordnet – nicht nur bei den Eltern und Kindern, sondern auch bei den Erzieherinnen. Nehmen wir die Bedeutung der ersten Begegnungen gar nicht ernst? Sollten wir uns mit der Gestaltung dieser Begegnungen intensiver befassen, damit wir gleich zu Beginn einen guten Eindruck hinterlassen?
- Auch die Ziele der Kinder realisieren sich nicht erst mit der Eingewöhnung. Kinder wollen schon vorher wissen, in welchen Kindergarten sie gehen werden, um sich damit in Gedanken vertraut zu machen.
- Früher war mehr Zeit, den Eltern die Kita zu zeigen. Seit der Umstrukturierung ist diese Zeit weggefallen und es gibt keinen Ersatz.
- Für die Eltern ist wichtig zu wissen: »Mein Kind fühlt sich hier wohl.« bzw. »Ich habe ein gutes Gefühl.« – die Konzeption ist zweitrangig.
- Wenn interessierte Eltern an der Tür stehen, wollen sie sofort die Aufmerksamkeit der Erzieherinnen – und gleichzeitig wünschen sie sich später die beste Betreuung für ihre Kinder. Wie kann man ihnen vermitteln, dass es im Interesse aller besser ist, wenn sie zu einem anderen Zeitpunkt wiederkommen? (Zettel oder Aushang an der Eingangstür mit Antworten auf die wichtigsten fünf Fragen; Erklärung der Erzieherin, dass man sich gern Zeit für die Interessentin nehmen würde, diese aber im Moment wegen der Kinder nicht hat und deshalb einen Termin vereinbaren will.)
- Anregung: Die Ziele aus der Kinderperspektive können gut verdeutlichen, was die Interessen des Kindes in der Eingewöhnungsphase sind. Vielleicht kann man »O-Töne« nutzen, um das den Eltern zu verdeutlichen (Aufbau einer neuen Beziehung: »Hast Du mich lieb?« – Übertragung der Verantwortung von der Mutter auf die Erzieherin: »Darf die das?« – Orientierung in die Gruppe der Kinder hinein: »Freunde finden«).

Es wird deutlich, dass durch die Umstrukturierung die bislang bewährten »Stationen« zum Einstieg weggefallen sind und noch kein Ersatz gefunden ist. Hier gibt es dringenden Handlungsbedarf.

△ Beispiel: Wann fühlen sich Eltern willkommen?

- Wenn der Kindergarten gut zu finden und auch als Kindergarten erkennbar ist.
- Wenn an der Eingangstür wichtige Informationen stehen und Klingel und Türöffner gekennzeichnet sind.
- Wenn sie im Eingangsbereich eine freundliche, lockere, kreative Atmosphäre begrüßt und die Dekoration angemessen ist.
- Wenn sie sich orientieren können, ohne zu fragen.
- Wenn sie wahrgenommen und begrüßt werden, und Erzieherinnen Hilfe anbieten.
- Wenn die Informationen eindeutig und verständlich sind.
- Wenn sie angemessen Struktur und Ordnung erleben und Professionalität deutlich wird.
- Wenn andere Eltern im Kindergarten präsent sind.

aus: Caritasverband für die Erzdiözese Freiburg e. V., S. 8

△ Beispiel: Konzept für einen Eltern-Info-Abend

Ziele: Information der Eltern über Rahmenbedingungen und pädagogische Arbeit des Kindergartens, Beantwortung allgemeiner Fragen der Eltern.

Werbung: Artikel in der Stadtteilzeitung, Aushang bei Kinderärzten in den angrenzenden Stadtteilen, Termin auf der Internetseite des Kindergartens.

Rahmen: Zweimal im Jahr – einmal in der Woche abends, einmal am Samstagnachmittag, ca. zwei Stunden in den Räumen des Kindergartens. Anwesend sind die Leiterin und mindestens zwei Erzieherinnen.

Vorbereitung: »Herzlich Willkommen« in den im Kindergarten gängigen Sprachen an der Eingangstür, Stühle im Kreis anordnen und Getränke bereitstellen, Materialien richten.

Ablauf: Plenum: Begrüßung und Überblick über die Veranstaltung; Hinweis darauf, wann die Eltern ihre Fragen einbringen können. (Leiterin)
Arbeitsgruppen: Führung durch die Kita (alle Fachkräfte)
Plenum: Erläuterung der Rahmenbedingungen der Kita (Fachkraft A)

- Größe der Kita
- Öffnungs- und Schließzeiten
- Betreuungsangebote
- Mittagessen
- Beiträge (Übernahme durch das Jugendamt möglich!)

Plenum: Schwerpunkte der pädagogischen Arbeit (Leiterin)

- Bild vom Kind
- Situationsorientierung
- Freispiel
- wöchentliche Ausflüge
- Spielzeugfrei als regelmäßiges Projekt

Plenum: Zusammenarbeit mit Eltern (nur im Ansatz darstellen – wird im Aufnahmegespräch noch vertieft!) (Fachkraft B)

- Eltern als Experten ihrer Kinder
- nur zusammen kann das Kind optimal gefördert werden
- regelmäßige Entwicklungsgespräche zum Austausch
- Eltern mit ihren Kompetenzen bereichern den Kindergartenalltag

Plenum: Eingewöhnung (nur im Ansatz darstellen – wird im Aufnahmegespräch noch vertieft!) (Fachkraft A)

- Bindung als Grundlage von Entwicklung und Bildung
- von Eltern begleitete Eingewöhnung
- langsamer Beziehungsaufbau zur Bezugserzieherin

Plenum: Zeit für Fragen und Anliegen der Eltern
»Materialausgabe« (Konzeption, Flyer zur Eingewöhnung) und Einladung zum Schnuppern (Leiterin)
Verabschiedung (Leiterin)

△ Beispiel: Konzept für das Erstgespräch mit Eltern

Ziele: Information der Eltern über Rahmenbedingungen und pädagogische Arbeit des Kindergartens, Beantwortung allgemeiner Fragen der Eltern.

Rahmen: Nach Vereinbarung, ca. 1 Stunde im Besprechungs-/Personalraum des Kindergartens mit Leiterin oder erfahrener Erzieherin.

Ablauf: Begrüßung und Hinweis darauf, wann die Eltern sich und ihre Fragen einbringen können (z.B. jederzeit oder immer am Ende einer Einheit)
Führung durch die Kita
Erläuterung der Rahmenbedingungen der Kita
- Größe der Kita
- Öffnungs- und Schließzeiten
- Betreuungsangebote
- Mittagessen
- Beiträge (Möglichkeit der Übernahme durch das Jugendamt)

Schwerpunkte der pädagogischen Arbeit
- Bild vom Kind
- Situationsorientierung
- Freispiel
- wöchentliche Ausflüge
- spielzeugfrei als regelmäßiges Projekt

Ablauf und Inhalt
Begrüßung und Überblick über das Gespräch
Rückblick auf den Eltern-Info-Abend bzw. das Erstgespräch – Klärung noch offener Fragen
Zusammentragen von Informationen über das Kind und die Familie (Dokumentationsbogen)
Zusammenarbeit mit Eltern (Darstellung nur im Ansatz – wird im Aufnahmegespräch noch vertieft)
- Eltern als Experten ihrer Kinder
- optimale Förderung des Kindes nur zusammen mit den Eltern
- regelmäßige Entwicklungsgespräche zum Austausch
- Kompetenzen der Eltern können den Kindergartenalltag sehr bereichern

Eingewöhnung (Darstellung nur im Ansatz – wird im Aufnahmegespräch noch vertieft)
- Bindung als Grundlage von Entwicklung und Bildung
- Eingewöhnung von Eltern begleitet, um dem Kind Sicherheit in dieser Phase zu geben
- langsamer Beziehungsaufbau zur Bezugserzieherin

Zeit für Fragen und Anliegen der Eltern
»Materialausgabe« (Konzeption, Flyer zur Eingewöhnung)
Einladung zum Schnuppern
Verabschiedung

△ Beispiel: Konzept für das Aufnahmegespräch mit Eltern

Ziele: Beantwortung allgemeiner Fragen der Eltern, Erhalt von Informationen über das Kind und seine Familie, Vertiefung der Themen »Eingewöhnung« und »Erziehungspartnerschaft«.

Rahmen: Nach Vereinbarung, ca. 1 Stunde im Besprechungs-/Personalraum des Kindergartens mit Bezugserzieherin und beiden Eltern ohne Kind.

Ablauf und Inhalt:
Begrüßung und Überblick über das Gespräch

Rückblick auf den Eltern-Info-Abend bzw. das Erstgespräch – Klärung noch offener Fragen

Zusammentragen von Informationen über das Kind und die Familie (Dokumentationsbogen)

Zusammenarbeit mit Eltern
- Eltern als Experten ihrer Kinder
- optimale Förderung des Kindes nur zusammen mit den Eltern
- Fragebogen (s. Anlage)
- regelmäßige Entwicklungsgespräche zum Austausch mit beiden Eltern
- Kompetenzen der Eltern können den Kindergartenalltag sehr bereichern:
  Welchen Beitag können sie leisten? (z.B. Auto zur Verfügung stellen, Begleitung bei Ausflügen, Kunstprojekt in der Kita...)

Eingewöhnung
- Bindung als Grundlage von Entwicklung und Bildung
- Eingewöhnung von Eltern begleitet, um dem Kind Sicherheit in dieser Phase zu geben
- langsamer Beziehungsaufbau zur Bezugserzieherin
- genaue Beschreibung der Eingewöhnung
- Elternbrief »Eingewöhnung«

Besprechung des Kindergarten-ABC – Hinweis auf die wichtigen Dinge in der Eingewöhnungszeit
Terminvereinbarung für die Eingewöhnung
Begrüßungsbrief für das Kind
Protokoll unterschreiben (lassen)
Verabschiedung

△ Beispiel: Elternbrief des Kinderhauses »Technido«, Karlsruhe

Liebe Eltern,

das folgende Merkblatt für die Eingewöhnung Ihres Kindes soll dazu beitragen, dass sich Ihr Kind bei uns gut eingewöhnt und langfristig wohl fühlt.

Mit einer schrittweisen und dem individuellen Tempo Ihres Kindes angepassten Eingewöhnung wollen wir gemeinsam mit Ihnen eine solide Grundlage für ein vertrauensvolles Zusammensein über viele Jahre hinweg schaffen.

Ein/e Erzieher/in wird von der Kita aus die erste Bezugsperson für Ihr Kind sein. Dazu bitten wir Sie, Ihre Zeiten mit den Arbeitszeiten des/der Erzieher/in abzustimmen.

Sie können sich darauf verlassen, dass Ihr Kind von sich aus aktiv wird und von sich aus auf die neue Umgebung zugeht, wenn es dazu bereit ist.

Das bedeutet,
- dass Sie sich für die Eingewöhnung Zeit nehmen müssen. Wir gehen davon aus, dass Ihr Kind ca. 14 Tage benötigt, bis es seine/n Bezugserzieher/in als Vertrauensperson akzeptiert,
- dass Sie die Bezugsperson sind, die bis dahin als »sichere Basis« genutzt wird, wenn etwas Unerwartetes passiert,
- dass Sie vor dem vierten Tag beim Verlassen Ihres Platzes Ihr Kind mitnehmen, da in den ersten drei Tagen kein Trennungsversuch stattfinden soll,
- dass die individuelle Anpassung der Dauer der Eingewöhnungsphase in Absprache mit der Bezugserzieherin/dem Bezugserzieher stattfinden soll.

Sollte sich Ihr Kind auch nach drei Wochen noch nicht vom Bezugserzieher trösten lassen, wird ein Gespräch über mögliche Ursachen stattfinden, da eine zu lange Begleitung dem Kind unter Umständen eher schaden als nützen kann.

Jedes Kind reagiert sehr unterschiedlich auf die neue Umgebung, dies hängt vom Temperament und der Vorerfahrung des einzelnen Kindes ab. Manche Kinder sind zunächst zum Beispiel vorsichtig und zögernd gegenüber der neuen Umgebung. Sie sollten deshalb
- Ihr Kind nicht drängen, seine neue Umgebung zu erkunden,
- akzeptieren, wenn das Kind Ihre Nähe sucht,
- sich eher passiv verhalten,
- das Verhalten Ihres Kindes tolerieren, denn Ihr Kind lernt auf seine Weise die neue Umgebung am schnellsten kennen,
- am besten an dem für Sie vorgesehenen Platz bleiben und einfach da sein. Trotz Fröhlichkeit und Gelassenheit Ihres Kindes ist Ihre Anwesenheit erforderlich, da Ihr Kind nur durch Ihre Anwesenheit gelassen und fröhlich sein kann,
- Ihr Kind nicht unterhalten, nicht mit anderen Kindern spielen und sich nicht anderen Aktivitäten widmen. Ihre Aufgabe ist es »sicherer Hafen« zu sein.

Außerdem sollten Sie bedenken, dass

- Sie als Eltern immer die Hauptbindungspersonen bleiben, auch nach Aufnahme einer Bindung zwischen Ihrem Kind und der Bezugserzieherin/dem Bezugserzieher,
- die Anfangssituation Ihres Kindes in der Kita möglichst nicht zeitgleich zu anderen Veränderungen in Ihrer Familie stattfinden sollte, zum Beispiel ein Umzug, da jede Veränderung Stress für Ihr Kind bedeutet und es so mehrfach belastet würde,
- Sie Ihren Urlaub so planen sollten, dass Ihr Kind nicht während oder kurz nach der Anfangssituation wieder aus der Gruppe genommen werden muss,
- Anfangssituationen bei Erkrankung Ihres Kindes verschoben werden sollten, da es dann kein Interesse und nicht die Fähigkeit hat, sich mit der neuen Situation auseinanderzusetzen,
- falls Ihr Kind besondere Schwierigkeiten hat, sich von einem der beiden Elternteile zu trennen, es sinnvoll sein kann, dass der andere Teil die Anfangssituation begleitet,
- Sie den Abschied kurz halten und nicht unnötig in die Länge ziehen sollten (Kinder reagieren auf kurze Abschiede mit weniger Stress),
- Sie am Montag nie den ersten Trennungsversuch durchführen!

Sie können Ihrem Kind außerdem helfen, indem Sie

- vertraute Gegenstände von zu Hause mitbringen, die für Ihr Kind sehr hilfreich sein können und eine Verbindung zu Ihnen darstellen,
- sich immer von Ihrem Kind verabschieden, da Sie ohne Verabschiedung sein Vertrauen aufs Spiel setzen.

△ Beispiel: Protokoll des Aufnahmegesprächs

Protokoll des Aufnahmegesprächs am:

Vorname und Name des Kindes

Teilnehmer

Allgemeine Notizen

....

....

....

....

....

....

....

»Dokumentation Kind« ausgefüllt ☐ ja ☐ nein

Kompetenzen und Ressourcen der Familie:

....

....

Gestaltung der Eingewöhnung wurde besprochen ☐ ja ☐ nein

Elternbrief »Eingewöhnung« wurde ausgehändigt ☐ ja ☐ nein

Als erster Tag der Eingewöhnung wurde vereinbart: ....

Kindergarten-ABC besprochen und ausgehändigt ☐ ja ☐ nein

Begrüßungsbrief Kind ausgehändigt ☐ ja ☐ nein

....

Unterschrift Erzieherin Unterschrift Eltern

△ Beispiel: Informationen über das Kind im Aufnahmegespräch

Kind

Name:

Vorname:

Spitz- oder Kosename:

Eltern (bei nicht verheirateten Eltern: Wer hat das Sorgerecht?)

Mutter:

Vater:

Adresse und Telefon (ggf. beide aufnehmen)

Familie

(Wer gehört noch zu den engeren Bezugspersonen des Kindes – Geschwister, Großeltern, sonstige Verwandte oder Bekannte, Tagesmutter? Wo hält sich das Kind häufig auf? Wo übernachtet es noch?)

Vorlieben und Gewohnheiten

Was spielt es gern?

Was isst es gern?

Gibt es ein Schmusetier oder nimmt das Kind noch einen Schnuller?

Welche Familienrituale gibt es – hat die Familie bestimmte Gewohnheiten?

Bei nicht-deutschsprachigen Eltern: Welche Sprache wird zu Hause gesprochen?

Welche entscheidenden Erfahrungen hat das Kind schon gemacht?

Was gibt es sonst noch, was wir über Ihr Kind wissen sollten?

△ Beispiel: Vorbereitungsbogen für Eltern – Gespräch nach der Eingewöhnungszeit

Liebe Eltern, 1 Woche vorher

Ihr Kind kommt jetzt seit .... Monaten in unseren Kindergarten. Nun möchten wir Sie gern zu einem Gespräch einladen, um mit Ihnen über die erste Kindergartenzeit Ihres Kindes zu sprechen. Wir haben dafür den folgenden Termin verabredet:

Ihr Standpunkt ist uns wichtig, damit wir Ihr Kind optimal unterstützen und dafür sorgen können, dass es sich wohl fühlt. Damit Sie sich auf des Gespräch vorbereiten können, haben wir einige Fragen formuliert, die Sie gemeinsam beantworten können.

Wie hat sich Ihr Kind in den Kindergarten eingewöhnt? Haben Sie das Gefühl, dass es sich im Kindergarten wohl fühlt? Wie geht es Ihnen / Was hat sich für Sie selbst verändert

....

....

....

Wie wirkt sich der tägliche Wechsel zwischen zu Hause und Kindergarten auf Ihr Kind aus? Ist es aufgedreht oder erschöpft? Braucht es eher Ruhe oder intensive Zuwendung?

....

....

....

Welche Veränderungen nehmen Sie wahr?
(z.B. im Spielverhalten, im Kontakt zu anderen, in der Sprache, in der Selbstständigkeit)

....

....

....

Hat Ihr Kind im Kindergarten Freundschaft zu anderen Kindern gefunden? Können Sie diese durch gegenseitige Besuche außerhalb der Kindergartenzeit unterstützen?

....

....

....

Was hat sich für Sie selbst verändert, seit Ihr Kind den Kindergarten besucht?

....

....

....

Brauchen Ihr Kind oder Sie weitere Unterstützung beim Einleben in den Kindergarten?

....

....

....

Was macht Ihr Kind zu Hause am liebsten? Mit welchen Spielen oder Materialien beschäftigt es sich gern? Wobei ist es besonders engagiert?

....

....

....

Welche Themen beschäftigen Ihr Kind zu Hause?

....

....

....

Gibt es seit dem Aufnahmegespräch bedeutsame Veränderungen in Ihrer Familie?

....

....

....

Gibt es weitere Fragen, Bedenken oder auch Sorgen, die Sie mit den Erzieherinnen besprechen möchten?

....

....

....

Wir freuen uns auf das Gespräch mit Ihnen!

(in Anlehnung an Landesverband Kath. Kindertagesstätten, 2006, S. 31)

△ Beispiel: Rückmeldung der Eltern zum Einstieg

Liebe Eltern,

da wir ständig versuchen, unsere Arbeit zu verbessern, bitten wir Sie, uns Ihre ganz persönliche Einschätzung Ihrer bisherigen Kindergartenzeit zu geben. Dazu haben wir Aussagen vorbereitet, bei denen Sie lediglich ankreuzen müssen, inwieweit sie für Sie zutreffen. Bitte geben Sie den ausgefüllten Bogen wieder zurück.

Wir danken Ihnen schon jetzt herzlich für Ihre Unterstützung!

☐ Gibt es noch etwas, das Sie uns mitteilen möchten? Dann machen Sie hier bitte ein Kreuz und benutzen dafür die Rückseite dieses Bogens!

Aussage	Trifft zu	Trifft eher zu	Trifft weniger zu	Trifft nicht zu
Die Zusage für den Kindergartenplatz erfolgte für uns rechtzeitig.				
Das Zusageschreiben war ansprechend und persönlich gestaltet.				
Über die Rahmenbedingungen des Kindergartens wurden wir vorab ausführlich informiert (Aufnahmevertrag, Elternbeitrag, Einzugsverfahren, Kindergarten-ABC, Bring- und Abholzeiten, Aufsichtspflicht, Elternbeirat...)				
Wir hatten Gelegenheit, die Räume der Kita vorher ausführlich zu besichtigen.				
Uns sind die Grundsätze und das pädagogische Konzept des Kindergartens bekannt.				
Wir sind über den Tagesablauf im Kindergarten gut informiert.				
Uns sind inzwischen alle Erzieherinnen der Gruppe unseres Kindes bekannt und ausreichend vertraut.				
Unsere Fragen, Sorgen und Bedenken wurden während der Eingewöhnungszeit unseres Kindes ernst genommen und beantwortet.				
Unsere Anwesenheit während der Eingewöhnungszeit war für uns und unser Kind hilfreich.				
Unser Kind fühlt sich inzwischen im Kindergarten sehr wohl.				
Uns sind die Mitglieder des Elternbeirats bekannt.				
Uns sind die Aufgaben des Elternbeirats bekannt.				
Wir fühlen uns als Eltern im Kindergarten willkommen und ernst genommen.				
Insgesamt sind wir sehr zufrieden mit dem Ablauf der Eingewöhnungszeit.				

BIBEL

5.2 Entwicklungsbeobachtung und Entwicklungsgespräche

▲ Einleitung

Wenn Kind und Familie mit der Situation im Kindergarten vertraut geworden sind, muss diese Beziehung gepflegt werden. Dies geschieht natürlich bei Tür-und-Angel-Gesprächen. Darüber hinaus trägt der regelmäßige und gleichberechtigte Austausch über die Beobachtungen der Erzieherinnen und der Eltern zu einer echten Erziehungspartnerschaft bei.

Auf die unterschiedlichen Beobachtungsansätze soll hier nicht weiter eingegangen werden. Zu diesem Thema gibt es genug Fachliteratur. Jede Einrichtung muss selbst das für sie passende Konzept finden. Insbesondere Verfahren, die die Stärken und Ressourcen der Kinder in den Blick nehmen, sind sehr geeignet, um konstruktive Gespräche mit Eltern zu führen (so z.B. die Beobachtung der »Engagiertheit«, die »Themen der Kinder« im infans-Konzept oder die »Bildungs- und Lerngeschichten«).

Gemeinsam mit den Eltern sollten die Erzieherinnen überlegen, wie solche Entwicklungsgespräche gestaltet und welche Inhalte besprochen werden sollen. Hierfür bietet es sich an, in einem dritten Projekttreffen nach den Wünschen und Vorstellungen der Eltern und der Erzieherinnen zu fragen und anschließend zu überlegen, was diese Aussagen für die Gestaltung von Elterngesprächen bedeuten.

Wenn es in Ihrem Kindergarten schon systematische Beobachtungen als Grundlage für solche Gespräche gibt, sollte zu Beginn dieses Treffens der praktizierte Beobachtungsansatz vorgestellt werden. Auch die Erarbeitung eines Vorbereitungsbogen für Eltern ist möglich. Gut vorbereitete Eltern können echte Partner im Gespräch sein und nicht nur Informationsempfänger.

▶ Arbeitsschritt »Drittes Projekttreffen: Gestaltung von Elterngesprächen«

▲ Arbeitsschritte

△ Arbeitsschritt »Drittes Projekttreffen: Gestaltung von Elterngesprächen«

Ziel: Information der Eltern über das bestehende Beobachtungssystem in der Kita, gemeinsame Gestaltung der Entwicklungsgespräche, Erarbeitung eines Vorbereitungsbogens für Eltern.

Teilnehmerinnen: Alle Erzieherinnen und interessierte Eltern.

Material: Verschiedenfarbige Karten (z.B. weiß, grün und gelb) und dicke Filzstifte, Flipchart-Papier.

Ablauf: Nach einer Einführung in das Thema wird – so vorhanden – der im Kindergarten praktizierte Beobachtungsansatz vorgestellt und erklärt, wie die Beobachtungen in die Elterngespräche einfließen. Anschließend erörtern gemischte Gruppen aus Eltern und Erzieherinnen die Frage: »Welche Bedingungen ermöglichen ein gutes und partnerschaftliches Gespräch zwischen Eltern und Erzieherinnen?« Achten Sie darauf, dass es noch nicht um Gesprächsinhalte geht, sondern nur um die Rahmenbedingungen. Werden hier trotzdem Inhalte genannt, legen Sie sie vorerst beiseite – sie finden im nächsten Schritt Verwendung.

Die Ergebnisse werden auf weißen Karten in Stichworten festgehalten, im Plenum vorgestellt und sortiert. Darauf aufbauend wird im Plenum ein idealtypischer Verlauf eines Elterngesprächs skizziert und dokumentiert (vgl. Arbeitsschritt »Erarbeiten und Dokumentieren eines Prozesses«). Dabei ist darauf zu achten, dass abstrakte Begriffe mit konkreten Anweisungen gefüllt werden. So ist z.B. zu überlegen, unter welchen Bedingungen gegenseitiges Vertrauen entstehen kann bzw. woran Eltern oder Erzieherinnen merken, dass ein gegenseitiges Vertrauen vorhanden ist.

Beispiel: Statements zum Elterngespräch

- Es soll ausreichend Zeit zur Verfügung stehen.
- Gegenseitiges Vertrauen ist mir ganz wichtig.
- Ich will mich als Mutter bzw. Vater respektiert und wertgeschätzt fühlen.
- Ich will mein Kind und mich nicht immer verteidigen müssen.
- Ich möchte mich gerne auf das Gespräch vorbereiten.
- Es ist mir wichtig, dass auch der Vater beim Entwicklungsgespräch dabei ist.
- Ich will erfahren, wie die Erzieherinnen mein Kind sehen.
- Ich bin gespannt, wie sich mein Kind in letzter Zeit entwickelt hat.
- Tipps bei Erziehungsfragen sind sehr hilfreich.
- Wie kann ich mein Kind weiter unterstützen und fördern?
- Ich will gerne etwas von Zuhause erzählen, damit die Erzieherinnen mehr Verständnis für mein Kind bekommen.
- Ich will etwas über die Fähigkeiten und Stärken meines Kindes erfahren.
- Ich will sicher sein, dass mein Kind normal entwickelt ist.
- Die Erzieherin sollen auch für Fragen und Sorgen offen sein.
- Das Wichtigste ist, ob sich mein Kind im Kindergarten wohl fühlt.
- Mit wem spielt mein Kind, hat es Freunde?

Nach der Beschreibung der Rahmenbedingungen für ein ideales Elterngespräch müssen die Gesprächsinhalte erarbeitet werden. Dazu werden wieder Arbeitsgruppen gebildet – diesmal aber getrennt nach Eltern und Erzieherinnen.

Die Eltern fragen sich: »Was können Eltern in das Gespräch einbringen? Was wollen Eltern im Gespräch erfahren?«

Die Erzieherinnen klären: »Was wollen Erzieherinnen von Eltern wissen? Was können Erzieherinnen Eltern bieten?«

Die Ergebnisse der Arbeitsgruppen werden auf Karten festgehalten – farblich sortiert: Elternantworten kommen auf gelbe Karten, Erzieherinnenantworten auf grüne – und im Plenum vorgestellt. Hier finden die im ersten Schritt aussortierten Karten wieder Verwendung.

Auf dieser Grundlage lassen sich ein Gesprächsleitfaden und auch ein Vorbereitungsbogen für Eltern entwickeln. Beim Vorbereitungsbogen ist darauf zu achten, dass er für die Eltern verständlich formuliert ist. Meistens reichen wenige Fragen aus.

▲ Beispiele und Anregungen

△ Beispiel: Vorbereitungsbogen für Eltern

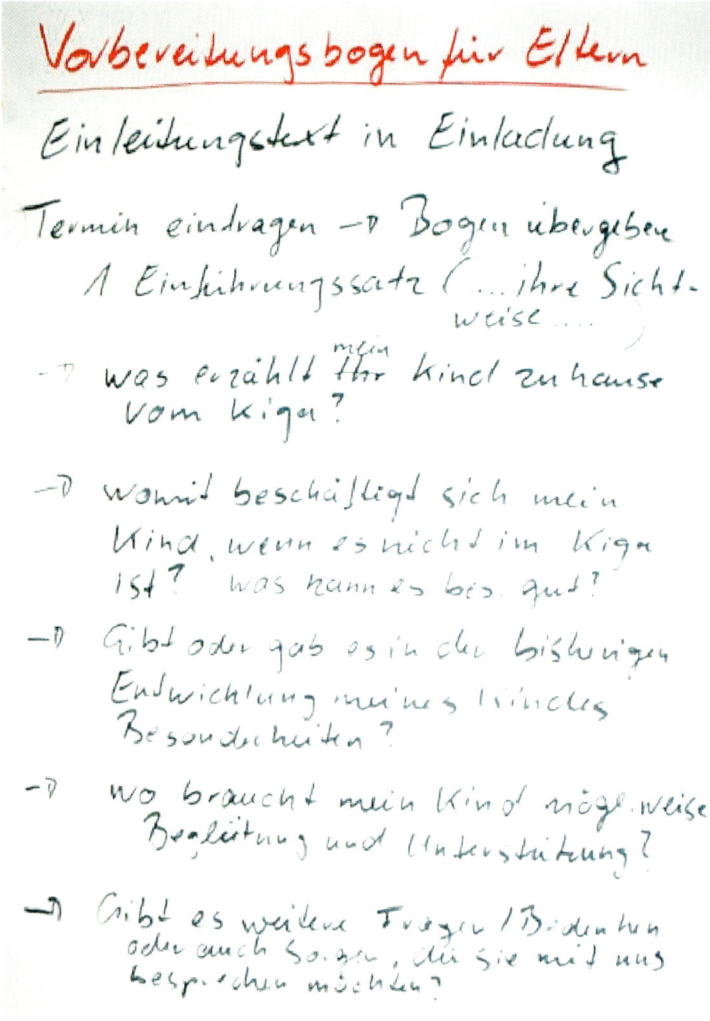
Vorbereitungsbogen für Eltern

Einleitungstext in Einladung

Termin eintragen → Bogen übergeben

1 Einführungssatz (... ihre Sichtweise ....)

→ was erzählt mein Kind zu hause vom Kiga?

→ womit beschäftigt sich mein Kind, wenn es nicht im Kiga ist? was kann es bes. gut?

→ Gibt oder gab es in der bisherigen Entwicklung meines Kindes Besonderheiten?

→ wo braucht mein Kind mögl. weise Begleitung und Unterstützung?

→ Gibt es weitere Fragen/Bedenken oder auch Sorgen, die Sie mit uns besprechen möchten?

△ Beispiel: Engagiertheitsbeobachtung für Eltern

In Anlehnung an den Info-Brief Kindergarten Uhlandstraße, Keltern-Dietlingen

Liebe Eltern,

in unserem Kindergarten nutzen wir das Konzept der »Engagiertheit«, um Ihr Kind und seine Anliegen besser zu verstehen.

Was ist das Modell der Engagiertheit?

Die Beobachtung der Engagiertheit wurde von dem Belgier Ferre Laewers entwickelt und im Institut für Frühpädagogik in München für den Einsatz in Deutschland adaptiert.

Das Konzept der Engagiertheit ist ein Verfahren, das die aktuelle Lernbereitschaft des Kindes in den Vordergrund stellt und nicht bestimmte Fertigkeiten. Es wird beobachtet, in welchen Bereichen sich ein Kind engagiert, und nicht, was es alles nicht kann. Es wird davon ausgegangen, dass ein Kind wesentliche Entwicklungsschritte geht, indem es Neues ausprobiert und an seine Grenzen geht.

Die Engagiertheit eines Kindes wird in Zahlenwerten von 1 bis 5 eingestuft, wobei 5 eine hohe und 1 eine niedrige Engagiertheit beschreibt. Dabei müssen Alter und Entwicklungsstand des Kindes berücksichtigt werden. Die Einstufung der Engagiertheit erfolgt über die Dimensionen:

- Ausdauer und Konzentration
  Engagierte Kinder lassen sich nicht leicht ablenken, sie bleiben »dabei« und richten ihre Aufmerksamkeit auf einen bestimmten Abschnitt.
- Kreativität und Explorationslust
  Engagierte Kinder gehen an die Grenzen ihrer Möglichkeiten, sie forschen und entdecken Neues, sie nehmen Herausforderungen an.
- Freude und Befriedigung
  Engagierte Kinder haben ein starkes Gefühl der Befriedigung, sind freudig erregt und von der Sache begeistert.
- Präzision und Genauigkeit
  Engagierte Kinder »schludern« nicht, sie widmen ihrer Arbeit viel Aufmerksamkeit und Zeit, sie achten auf Einzelheiten, sie arbeiten (spielen) genau.
- Energie
  Wenn Kinder ganz in einer Tätigkeit aufgehen, mobilisieren sie viel Energie, bekommen rote Wangen, schwitzen.

Eltern als Experten ihrer Kinder

Eltern sind Experten für die Lebensgeschichte ihres Kindes, für seine Wünsche und Bedürfnisse. Sie kennen seine Stärken und Schwächen und seine Rolle in der Familie.

Erzieherinnen sind Experten für die Entwicklung der Kinder im Allgemeinen, besitzen pädagogische Fachkenntnisse und erleben die Kinder in einer Gruppe. Nur wenn beide Experten partnerschaftlich zusammenarbeiten, kann ein umfassendes Bild vom Kind entstehen und das Kind bestmöglich gefördert werden.

Deshalb bitten wir Sie, uns mit Ihren Beobachtungen im familiären Alltag in unserer Arbeit zu ergänzen. Sie erhalten von uns einen Beobachtungsbogen, mit dem Sie Ihre Einschätzungen über Ihr Kind und seine Interessen dokumentieren können. Bitte füllen Sie ihn gemeinsam aus und bringen ihn zu unserem nächsten Entwicklungsgespräch mit.

Beobachtungsbogen für Eltern: Engagiertheit bei Tätigkeiten

Tätigkeit	Häufigkeit*	Engagiertheit				
		1	2	3	4	5
Malen/Basteln/ Werken						
Gesellschafts- und Geduldsspiele						
Lego, Playmobil, Bauklötze						
Musikhören, Geschichten von Kassetten						
Vorlesen						
Bilderbücher, Geschichten						
Rollenspiel						
Spiel im Freien						
Bewegung						
Häusliche Tätigkeiten						
Routineaktivitäten						

* Häufigkeit: Unser Kind tut dies - häufig = h
- manchmal = m
- selten / nie = s

Unser Kind engagiert sich bei Tätigkeiten, die von Erwachsenen angeleitet werden

( ) schwer
( ) eher schwer
( ) eher leicht
( ) leicht

Unser Kind engagiert sich bei selbstgewählten Tätigkeiten

( ) schwer
( ) eher schwer
( ) eher leicht
( ) leicht

Braucht Ihr Kind viele Spielkameraden?

Sonstige Beobachtungen:

Anmerkung:
Wichtig ist, dass Sie als Eltern diesen Bogen gemeinsam ausfüllen und Ihre Beobachtungen austauschen. So entsteht ein umfassenderes Bild Ihres Kindes.

Ergebnisprotokoll des Entwicklungsgesprächs

am: mit:

- Stärken, Fähigkeiten, Interessen des Kindes

....
....
....
....
....
....
....
....

- Was braucht das Kind? Was kann die Familie beitragen? Was tut der Kindergarten?

....
....
....
....
....
....
....
....

- Vereinbarungen

....
....
....
....
....
....
....
....

....
Unterschrift Erzieherin Unterschrift Eltern

△ Beispiel: Ablauf eines Entwicklungsgesprächs

Quelle: Klein & Vogt (2006b, S. 35)

Vorbereitung

- Was interessiert die Eltern besonders?
- Was will ich mitteilen? Worüber möchte ich berichten?
- Was will ich in Erfahrung bringen?
- Was nehme ich mir darüber hinaus vor?
- Setting klären und vorbereiten

Beginn

- Vorstellen der Ziele des Gesprächs
- Einverständnis der Eltern einholen
- Erfragen weiterer Anliegen der Eltern
- Zeit festlegen

Erfahrungen und Standpunkte der Eltern erkunden

- interessiert und erkundend (präzise, konkret) nachfragen
- Eltern als Experten und in der Ratgeberrolle ansprechen
- mit eigenen Sichtweisen und Erfahrungen zurückhaltend umgehen, eher ergänzend und als Vermutung (Hypothese) einbringen. Wichtiger sind Fragen!

Entwicklungs- und Lerngeschichten einbringen

- vor allem berichtend, darstellend, erzählend
- nur vorsichtig deutend und wertend, eher als Vermutung (Hypothese) und immer die Meinung der Eltern dazu einholen: »Was meinen Sie dazu? Haben Sie Ähnliches beobachtet?«
- Zweifel und Fragen der Eltern zulassen
- eigene, offene Fragen formulieren: »Wir fragen uns ...«, »Wir wissen nicht genau ...«
- Ich-Botschaften senden und unbedingt dabei bleiben! Eigene Standpunkte nicht als »Wahrheiten« oder »Tatsachen« verkünden!

Gemeinsames Nachdenken über Unterstützungsmöglichkeiten

- Was kann die Familie/können die Eltern beitragen, um das Kind zu unterstützen?
- Wie kann die Kita die Eltern/die Familie dabei unterstützen?
- Was kann die Kita beitragen?
- Wie könnten die Eltern eventuell die Kita dabei unterstützen?
- das Problem als gemeinsames betrachten

Abschluss

- Gesprächsergebnis zusammenfassen
- gemeinsames Verständnis über das Gesprächsergebnis herstellen
- weitere Absprachen treffen
- Ergebnisse in einem gemeinsamen Protokoll festhalten

5.3 Eltern im Kindergartenalltag

▲ Einleitung

Jede Diskussion um eine Beteiligung von Eltern beinhaltet Pro- und Contra-Argumente. Beide haben ihre Berechtigung – sie zeigen zwei Seiten der gleichen Medaille. Sie sollten nicht gegeneinander diskutiert, sondern ernst genommen werden. So bieten sie Chancen, die Mitwirkung von Eltern im Kindergartenalltag sinnvoll zu gestalten.

Aus Contra-Argumenten lassen sich Rahmenbedingungen für die Mitwirkung und die Regeln entwickeln, die für Eltern und Erzieherinnen Gültigkeit haben. Sie müssen den Eltern immer wieder bekannt gemacht werden. So kann beispielsweise der »Angst der Eltern, etwas falsch zu machen« begegnet werden durch Hilfestellung bei der Durchführung und vor allem bei der Berücksichtigung der jeweils tatsächlich vorhandenen Kompetenzen.

Pro-Argumente geben Hinweise, wie ein Angebot gestaltet werden muss, damit es Eltern annehmen: Der Wunsch der Eltern »vielleicht kann ich etwas dazuzulernen« wird erfüllt, wenn das zusammen Erlebte gemeinsam reflektiert wird und die Eltern Fragen stellen können und Antworten darauf bekommen. Außerdem sind Pro-Argumente auch gute Werbung für die Beteiligung der Eltern.

In diesem Kapitel geht es darum,
- Pro und Kontra der Mitarbeit von Eltern im Kindergarten zu verdeutlichen,
- Möglichkeiten aufzuzeigen, wo Eltern im Kindergartenalltag teilhaben können,
- Regeln für die verschiedenen Mitwirkungsmöglichkeiten zu entwickeln.

Auch dies geschieht in einem Projekttreffen gemeinsam mit Eltern.

▶ Arbeitsschritt »Viertes Projekttreffen: Eltern im Kindergartenalltag«

Die Erfahrungen mit »Eltern im Kindergartenalltag« müssen ausgewertet werden. Das erfolgt im

▶ Arbeitsschritt »Auswertung der Erfahrungen«

Am Ende des Kapitels werden Beispiele zu diesem Themenbereich gegeben.

▲ Arbeitsschritte

△ Arbeitsschritt »Viertes Projekttreffen: Eltern im Kindergartenalltag«

Ziel: Entdeckung und Gestaltung von Beteiligungsmöglichkeiten der Eltern im Kindergartenalltag.

Teilnehmerinnen: Alle Erzieherinnen und interessierte Eltern.

Material: Wandzeitungen und dicke Filzstifte.

Ablauf: Im ersten Schritt werden die Pro- und Contra-Argumente aufgelistet. Dazu teilen sich die Teilnehmerinnen in zwei Arbeitsgruppen, sortiert nach Eltern und Erzieherinnen. Die Eltern schlüpfen bei dieser Aufgabe in die Rolle der Erzieherinnen, die Erzieherinnen in die der Eltern. Auf je einer Wandzeitung werden alle Argumente zusammengetragen, die aus der eingenommenen Rolle **gegen** Eltern im Kindergartenalltag sprechen:

AG Eltern:	AG Erzieherinnen:
»Welche Gründe könnten aus Sicht der Erzieherinnen **gegen** eine Elternbeteiligung sprechen?“	»Welche Gründe könnten aus Sicht der Eltern **gegen** eine Elternbeteiligung sprechen?«

Im Plenum werden die Ergebnisse vorgestellt und ergänzt.

Anschließend treffen sich die Gruppen erneut und sammeln die Argumente, die **für** eine Beteiligung von Eltern im Kindergartenalltag sprechen:

AG Eltern:	AG Erzieherinnen:
»Welche Gründe könnten aus Sicht der Erzieherinnen **für** eine Elternbeteiligung sprechen?«	»Welche Gründe könnten aus Sicht der Eltern **für** eine Elternbeteiligung sprechen?«

Auch diese Ergebnisse werden im Plenum ausgetauscht und ergänzt.

Danach werden aus den Argumenten allgemeine Rahmenbedingungen und Regeln für eine Beteiligung der Eltern entwickelt (▶ Beispiele und Anregungen). Fällt die Formulierung in dieser Phase noch schwer, können zuerst Einsatzmöglichkeiten für Eltern gesucht werden. Durch die Orientierung an konkreten Aufgaben lassen sich Regeln und Rahmenbedingungen einfacher formulieren.

Sind die Regeln für ein Miteinander im Kindergartenalltag geklärt, gehen Eltern und Erzieherinnen gemeinsam auf die Suche nach Anlässen und Möglichkeiten, Eltern in den Kindergartenalltag einzubeziehen. Für die Recherche kann ein Brainstorming (s. Moderationsmethoden im Anhang) benutzt werden.

Welche Einsatzmöglichkeiten gibt es in Ihrem Kindergarten für Eltern?

Denken Sie an die »Stationen einer Familie« und an die Ergebnisse der »Lebenssituation unserer Familien« in Kap. 3, aber lassen Sie auch Ihrer Phantasie freien Lauf!

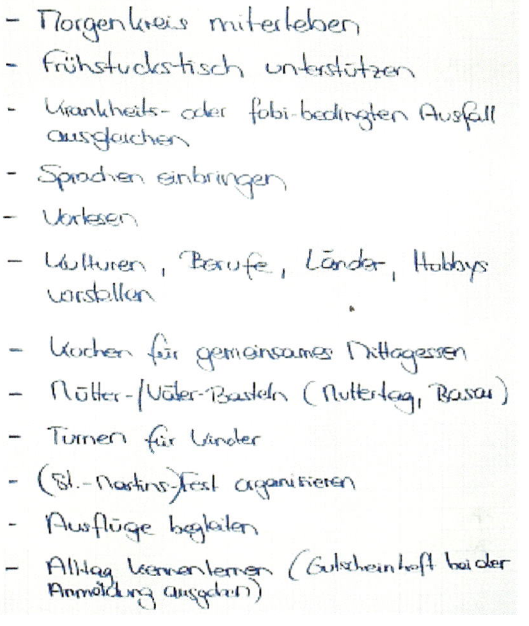

Diskutieren und beschließen Sie dann gemeinsam, welche der Möglichkeiten, Eltern in den Kindergartenalltag zu integrieren, Sie zuerst umsetzen können. Dafür müssen konkretere Vorgaben und Regeln entwickelt werden. Dabei sind folgende Schritte hilfreich:

Plenum:
Kurze Beschreibung der gewählten Mitwirkungsform (z.B. Hospitation, Mithilfe, eigenes Projektangebot).
Arbeitsgruppe aus Eltern:
Wie wünsche ich mir diese Mitwirkung? Was muss ich wissen? Was will ich nicht? (Dokumentation der Ergebnisse auf Karten)
Arbeitsgruppe aus Erzieherinnen:
Wie wünsche ich mir Mitwirkung? Was müssen Eltern wissen? Was will ich nicht? (Dokumentation der Ergebnisse auf Karten)
Plenum:
Vorstellung und Vergleich der Ergebnisse und Erarbeitung von Regeln und gegebenenfalls Ablaufplan für diese Mitwirkungsform.
Plenum:
Wie erfährt jeder von den Regeln? Wie lange gelten die Regeln? Wann werden die Erfahrungen ausgewertet?
Dokumentation der Ergebnisse

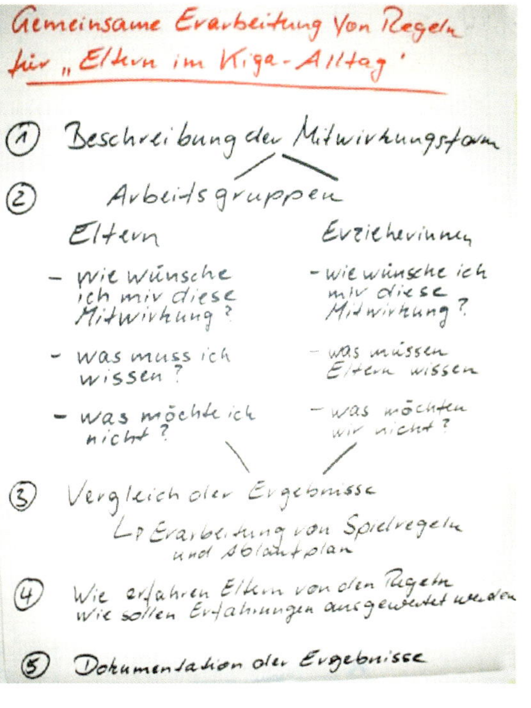

△ Arbeitsschritt »Auswertung der Erfahrungen«

Ziel: Überprüfung und gegebenenfalls Veränderung der Mitwirkungsmöglichkeiten von Eltern im Kindergartenalltag.

Teilnehmerinnen: Alle Erzieherinnen und Eltern, die Erfahrungen mit der Mitwirkung im Kindergartenalltag haben.

Material: Wandzeitungen, farbige Karten und dicke Filzstifte.

Ablauf:
Plenum: Begrüßung und Dank für die bisherige Mitwirkung.
Arbeitsgruppe der Eltern – eventuell als Paarinterviews (Ergebnisse werden auf Karten festgehalten):
- Wie erging es Ihnen bei...?
- Was war schwierig? (Ergebnisse auf roten Karten festhalten)
- Was war gut? (Ergebnisse auf grünen Karten festhalten)
- Was glauben Sie, wie erging es der Erzieherin in dieser Situation? (gelbe Karte für »schwierig«, blaue Karte für »gut«)

Arbeitsgruppe der Erzieherinnen – eventuell als Paarinterviews (Ergebnisse werden auf Karten festhalten):
- Was war schwierig? (gelbe Karte)
- Was war gut? (blaue Karte)
- Was glauben Sie, wie erging es der mitwirkenden Mutter/Vater/Opa/Tante...? (rote Karte für »schwierig«, grüne Karte für »gut«)

Plenum: Vorstellung der Arbeitsgruppen-Ergebnisse und Diskussion:
- Was wird aufgrund der Ergebnisse beibehalten?
- Was wird aufgrund der Ergebnisse verändert und wie?

Dokumentation der Ergebnisse

Dieses Schema kann als Raster für ein Auswertungsgespräch nach einem »Elterneinsatz« genutzt werden. In diesem Fall lenkt die Erzieherin das Gespräch und wird auf Fragen, die Vermutungen anstellen, nicht eingehen. Zuerst wird sie nach den Erfahrungen der Mutter/des Vaters/... fragen:
- Wie erging es Ihnen bei...?
- Was war schwierig?
- Wie könnten wir es besser machen?
- Was hat gut geklappt?
- Was sollten wir wieder so machen?

Danach kann auch sie ihre Sicht in das Gespräch einbringen:
- Was lief so gut, dass wir es wiederholen können?
- Was war für mich schwierig?
- Wie könnten wir es besser machen?

Die Ergebnisse dieses Auswertungsgesprächs werden von der Erzieherin dokumentiert.

Alternativ dazu kann ein Fragebogen eingesetzt werden, der die Fragen an Mutter/Vater/Opa/Tante... aufgreift. Damit entfällt aber die Möglichkeit zum Gespräch und Austausch zwischen Eltern und Erzieherin.

▲ Beispiele und Anregungen

△ Beispiel: Protokoll eines Projekttreffens

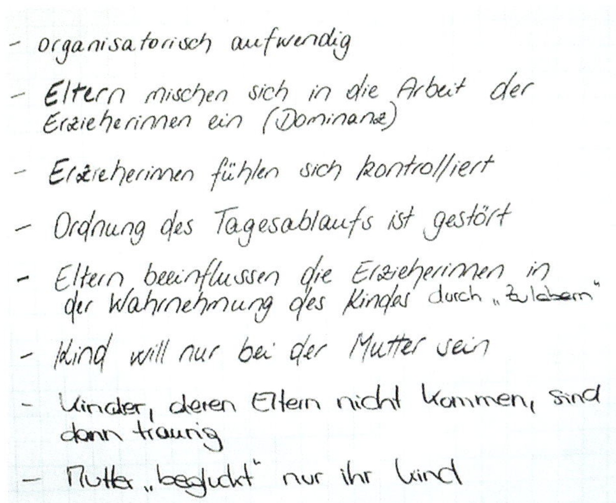
- organisatorisch aufwendig
- Eltern mischen sich in die Arbeit der Erzieherinnen ein (Dominanz)
- Erzieherinnen fühlen sich kontrolliert
- Ordnung des Tagesablaufs ist gestört
- Eltern beeinflussen die Erzieherinnen in der Wahrnehmung des Kindes durch „Zulabern"
- Kind will nur bei der Mutter sein
- Kinder, deren Eltern nicht kommen, sind dann traurig
- Mutter „beglückt" nur ihr Kind

Die Arbeitsgruppe der Eltern erarbeitet aus Sicht der Erzieherinnen die im Kasten stehenden Argumente gegen Eltern im Kindergartenalltag. Nimmt man diese Argumente ernst, lassen sich daraus gute Ansatzpunkte für die Gestaltung der Station »Eltern im Kindergartenalltag« entwickeln:

- Der befürchtete organisatorische Aufwand ist nur einmalig: Es müssen die Rahmenbedingungen für die unterschiedlichen Formen von »Elternbeteiligungen im Kindergartenalltag« erarbeitet werden. Sind diese geklärt, reduziert sich der Aufwand deutlich.
- Damit Eltern sich nicht in die Arbeit der Erzieherinnen einmischen, müssen die Regeln und Kompetenzen geklärt sein. Die Erzieherinnen müssen mit den Eltern ein »Not-Signal« vereinbaren, damit sie, wenn es zu großen Schwierigkeiten kommt, ohne Diskussion das Engagement der Eltern stoppen können.
- Das Gefühl der Kontrolle bei den Erzieherinnen vergeht mit der Zeit – im Gegensatz zu vielen anderen Berufen ist es für Erzieherinnen nur ungewohnt, »unter Beobachtung« zu arbeiten.
- Die Störung des Tagesablaufs lässt sich durch Regeln und Absprachen minimieren und wird durch Gewohnheit weniger.
- Die Vermutung der Eltern, dass Erzieherinnen befürchten, dass der elterliche Einfluss ihre Wahrnehmung vom Kind verzerren könnte, ist nicht begründet. Die Erzieherin erlebt das Kind täglich und macht ihre eigenen Beobachtungen.
- Wenn ein Kind nur bei seiner Mutter sein will, sobald sie sich im Kindergarten aufhält, ist das in Ordnung. Die Mutter ist ja nur ausnahmsweise anwesend. Wichtig ist, das den Eltern auch zu vermitteln bzw. – wenn sie von ihrem Kind nicht gestört werden wollen, wenn sie sich im Kindergarten engagieren – mit ihnen und dem Kind klare Verabredungen zu treffen.
- Damit Kinder, deren Eltern nicht mitarbeiten, nicht traurig sind, können sich auch andere Bezugspersonen (Oma, Freund...) im Kindergarten engagieren.
- Wenn Eltern bei einer Ausflugsbegleitung nur ihr eigenes Kind »beglucken«, muss mit ihnen die Aufgabe, die sie übernommen haben, klar abgesprochen werden.
- Damit Eltern keinen falschen Eindruck von ihrem Kind bekommen, muss ihnen im Vorgespräch erklärt werden, dass ihr Kind sich voraussichtlich anders verhält als es das normalerweise tut, wenn die Eltern nicht anwesend sind.

△ Beispiel: Allgemeine Einladung der Eltern zur Mitwirkung

Herzlich willkommen im Kindergartenalltag!
Sie sind wichtig für Ihr Kind – und für uns sind Sie es auch!
Kindergarten und Familie sind zwei wichtige Lebensbereiche, in denen Ihr Kind seinen Alltag verbringt. Je enger diese Bereiche miteinander verbunden sind, desto selbstverständlicher wechselt Ihr Kind von einem in den anderen.

Um diese Verbindung wachsen zu lassen, gibt es in unserem Kindergarten einen ständigen Austausch über Ihr Kind – entweder in Gesprächen zwischen Tür und Angel oder in den regelmäßig stattfindenden Entwicklungsgesprächen. Darüber hinaus können Sie und der Kindergarten noch näher zusammenrücken durch:

- Ihre längere Anwesenheit während der Eingewöhnungszeit
- Hospitationen im Kindergartenalltag
- Begleitung bei Ausflügen und Exkursionen
- Elternangebote für Kinder (Kochen, Vorlesen, seinen Beruf/Hobby vorstellen…)
- Engagement für den Kindergarten (Mithilfe bei Festen, Renovierungen, Spielzeugreparaturen oder andere Unterstützung durch gemeinsames Tun)
- Gemeinsame Reflexion der pädagogischen Arbeit (zum Beispiel durch einen Elternabend mit der Frage »Was hat das Projekt ›Spielzeugfrei‹ bewirkt?«)
- Beteiligung an der Konzeptionsarbeit

Durch diese gemeinsamen Aktivitäten profitieren nicht nur Sie und Ihr Kind. Zusätzlich können Sie mit Ihren Ideen und Ihrem Können allen Kindern des Kindergartens neue Erfahrungen ermöglichen.

Wir sind sicher, dass für Sie ein Weg dabei ist, und freuen uns auf Ihre Mitwirkung im Kindergarten!

△ Beispiel: Eltern im Kindergartenalltag

Kinderliteratur im Kindergarten

Erzieherinnen und Eltern entwickeln gemeinsam unterschiedliche Angebote der Mitwirkung und Beteiligung der Eltern:

- Elternabend zum Thema »Kinderliteratur«
- Eltern hospitieren beim »Vorlesen«
- Unter Mithilfe der Eltern entsteht eine Kinderbibliothek, aus der Bücher ausgeliehen werden können
- Bücher werden durch Eltern in verschiedenen Sprachen vorgelesen
- Die Bibliothek wird besucht – Eltern begleiten die Kinder
- Eltern erzählen ihre Lieblingsgeschichte in ihrer Muttersprache
- Eltern besprechen Kassetten mit Büchertexten/Kinderliedern in verschiedenen Sprachen
- Eltern bieten anderen Eltern ihre Unterstützung bei Übersetzungen an
- Eltern gestalten mit Kindern mehrsprachige Bücher
- …

△ Beispiel: Ablaufplanung »Eltern kochen mit Kinder«

Quelle: Kindergarten Regenbogen, Flehingen

Wann?	Wer?	Was?	Mit wem?	Sonstiges?
14 Tage im Voraus	Erzieherin	Termin festlegen	Eltern	
2 Tage im Voraus	Eltern	Rezept festlegen	Erzieherin	nicht zu schwierig!
Kochtag	Erzieherin	Zahl der Kinder festlegen	Eltern	
	Eltern	Küche vorbereiten	Erzieherin	
	Eltern	Zutaten einkaufen	Kindern	
	Eltern	Kochen	Kindern	
	Eltern	Küche aufräumen	Kindern	
	Erzieherin	Reflexion des Angebots	Eltern	

△ Beispiel: Unsere Regeln für die Zusammenarbeit

Liebe Eltern,
um Ihnen und uns die Zusammenarbeit zu erleichtern, haben wir gemeinsam mit Eltern unseres Kindergartens drei allgemeine Regeln formuliert:

- Wir – Erzieherinnen und Eltern – sehen uns als Partner mit unterschiedlichen Rollen und Aufgaben. Nur wenn wir uns respektieren, können wir gut zusammen arbeiten: Sie als Eltern bringen Ihre Interessen und Fähigkeiten in den Kindergarten ein. Darüber freuen wir uns. Wir als Erzieherinnen sind für Grundsätze und Regeln im Kindergartenalltag verantwortlich. Auf ihre Einhaltung müssen wir achten.
- Vor jeder Form der Mitwirkung steht die Absprache zwischen Ihnen und der Erzieherin über
  - Thema,
  - Termin und zeitlichen Umfang,
  - Regeln.

  Die Entscheidung liegt bei der Erzieherin, weil sie verantwortlich für den pädagogischen Alltag im Kindergarten ist. Sollten Sie damit nicht zufrieden sein, steht Ihnen die Leitung für ein Gespräch gerne zur Verfügung.
- Damit wir aus Erfahrungen lernen, gibt es direkt im Anschluss oder nach Absprache auch später ein Auswertungsgespräch zwischen Ihnen und der verantwortlichen Erzieherin. Dabei dürfen Lob und Kritik offen geäußert werden – nur so kann die Zusammenarbeit ständig verbessert werden.

Wir hoffen, dass dieser Rahmen für Sie hilfreich ist, und freuen uns, wenn Sie mit Ihren Ideen auf uns zu kommen. Können wir Sie ansprechen, wenn wir Unterstützung brauchen?

△ Beispiel: Regeln für die Ausflugsbegleitung

Liebe Eltern,
wir freuen uns, wenn Sie uns bei unseren Ausflügen begleiten. Denn so können wir mit den Kindern öfter den Kindergarten verlassen und interessante Ziele in der Umgebung ansteuern. Damit Sie wissen, was uns bei so einem Ausflug wichtig ist, welche Regeln für die Kinder gelten und was wir von Ihnen erwarten, haben wir diese Dinge aufgeschrieben.

Grundsätzlich hat die begleitende Erzieherin die Verantwortung für den Ausflug, so dass wir Sie bitten, sich bei Fragen immer an sie zu wenden. Insbesondere sollten Sie nicht ohne vorherige Absprache vom Weg abweichen oder die Gruppe mit einzelnen Kindern verlassen.

Ausflüge zu Fuß, mit Bus und Bahn

- Am Schluss der Gruppe ist immer ein Erwachsener, kein Kind mehr hinter ihm – in der Anfangsgruppe ist ebenfalls ein Erwachsener, weitere Betreuungspersonen verteilen sich in der Gruppe.
- Die Kinder laufen einzeln und können immer bis zu einem mit den Kindern abgesprochenen Punkt rennen, dort wird gewartet, bis die Gruppe wieder zusammen ist.
- Die Kinder laufen nicht zu nahe am Bordstein – den Kindern ist der Begriff »Kinderseite« geläufig: die Kinderseite ist der Teil des Gehwegs, der der Straße abgewandt ist.
- Beim Überqueren der Straße sperren zwei Betreuungspersonen ab, die anderen laufen mit der Gruppe.
- Nach dem Überqueren wird nicht sofort losgerannt, sondern gewartet, bis alle zusammen sind. Zwei Begleitpersonen sind, bis das letzte Kind den Gehweg erreicht hat, auf der Straße.
- Wir zählen immer mal wieder die Gruppe durch. Dies kann meistens geschehen, ohne dass alle zusammengetrommelt werden müssen (besprechen, wer es macht).
- Jüngere oder neue Kinder werden je nach Situation an die Hand genommen – das entscheidet die begleitende Erzieherin.

Ausflüge mit dem Auto

- Absprache über Ziel und Fahren in der Kolonne, Austausch von Handynummern
- Die Kinder werden im Hof gesammelt, dort wird gezählt, ob alle da sind.
- Es wird abgesprochen, in welcher Reihenfolge die Kinder in welche Autos steigen - dies kann je nach Alter der Kinder auf einmal geschehen oder nacheinander.
- Die Autositze sollten schon vorher in den Autos sein – dabei beachten, welche Kinder unbedingt in ihrem Sitz in einem bestimmten Auto sitzen möchten!
- Wenn alle Kinder in den Autos sitzen, wird nochmals gezählt.
- Jede Fahrerin muss darauf achten, dass alle Kinder richtig angeschnallt sind, gerade bei unterschiedlichen Sitzen muss dies überprüft werden.
- Vorhandene Kindersicherungen in den Türen aktivieren.
- Die Kinder dürfen sich erst abschnallen und aussteigen, wenn die Fahrerin es erlaubt.
- Bei der Ankunft werden alle Kinder gezählt.

△ Beispiel: Hospitation in unserem Kindergarten

Liebe Eltern,
wir möchten Ihnen die Möglichkeit geben, in unserem Kindergarten zu hospitieren und so unseren und den Alltag Ihres Kindes kennenzulernen. Um ein gutes Gelingen zu gewährleisten, wollen wir Sie über einige Dinge informieren.

Mit der Hospitation machen wir unsere Arbeit für Sie transparent:
- Sie können beobachten, was Kinder in unserem Kindergarten den ganzen Tag tun – wie sie spielen, wie sie singen, was sie bauen...
- Sie erleben, wie die Erzieherinnen mit den Kindern umgehen, wie Angebote gemacht und Konflikte gelöst werden, welche Spiele die Erzieherinnen mit den Kindern spielen, wie sie Bücher vorlesen, welche Regeln gelten...
- Sie sehen, welche Spiele und Materialien wir einsetzen und können die Räume des Kindergartens erkunden...
- Sie lernen die Freunde Ihres Kindes und die Erzieherinnen besser kennen...

Die Hospitation ist nicht unbedingt geeignet, Ihr eigenes Kind zu beobachten. Denn dieses wird sich an einem Tag, an dem Mama oder Papa im Kindergarten sind, möglicherweise nicht so verhalten wie sonst. Daher können Sie nur begrenzt Rückschlüsse auf sein Verhalten im Kindergarten ziehen.

Ihre Hospitation kann nach Absprache zwischen 9.00 und 12.00 Uhr stattfinden, denn in dieser Zeit finden die meisten Aktivitäten im Kindergarten statt. Während Ihres Aufenthalts können Sie sich entweder beobachtend in einen Raum setzen oder mit Ihrem Kind und den anderen Kindern spielen – ganz wie Sie es wollen. Sie können natürlich auch die Räume wechseln und verschiedene Aktivitäten beobachten. Um das Verhalten Ihres Kindes brauchen Sie sich nicht kümmern – dafür sind wir zuständig.

Während des Vormittags werden wir keine Möglichkeit haben, uns mit Ihnen auszutauschen. Dafür bitten wir um Ihr Verständnis. Um Ihre Fragen zu beantworten und Ihre Beobachtungen des Vormittags zu besprechen, bieten wir Ihnen im Anschluss an die Hospitation ein Gespräch an.

Wenn Sie Lust haben, uns einmal über die Schulter zu schauen und an unserem Alltag teilzunehmen, sprechen Sie bitte Ihre Erzieherin an. Sie wird mit Ihnen einen günstigen Termin abstimmen.

△ Beispiel: Eltern-Kind-Waldtag

Quelle: Kindergarten Abenteuerland, Linkenheim-Hochstetten

Zielgruppe: Interessierte Eltern und Kinder (auch größere und kleinere Geschwister).

Ziele:
- Eltern Einblick in unsere Waldpädagogik geben.
- Fördern der Gemeinschaft unter allen Beteiligten.
- Kennenlernen von Naturmaterial.
- Fördern der Feinmotorik durch Gestalten mit Naturmaterialien.
- Fördern der Kreativität.

Maßnahmen und Ressourcen:
- Infoplakat (Termin, Wegbeschreibung, Kleidung, Zeckenschutz, Essen, Getränke, sonstiges Material, Tipp zur Bildung von Fahrgemeinschaften).
- Planung des Ablaufs und der Kreativangebote oder anderer Angebote (Stationenlauf, Spiele).
- Dienstplan der Teilzeitkräfte sinnvoll gestalten.
- Material zum Gestalten mitnehmen, Erste-Hilfe-Tasche, Decken und Matten zum Sitzen.
- Regenprogramm überlegen.
- Reflexion mit Eltern (Tür- und Angelgespräch), Reflexion im Team mit Protokoll.
- Photos, Artikel im Amtsblatt.

Anmerkungen und Erfahrungen:
- Gute Möglichkeit, sich sorgenden oder peniblen Eltern zu zeigen, dass ein Waldtag ihrem Kind gut tut.
- Die Teilnehmerzahl ist unbegrenzt, es gibt keine Platzbeschränkung.
- Es nahmen mehr Väter teil als sonst. Vielleicht fällt es manchen Vätern leichter in den Wald zu gehen als in den Kindergarten?

△ Beispiel: Das Elternprojekt »Kinder-Garten«

(Quelle: Kindergarten Regenbogen, Flehingen)

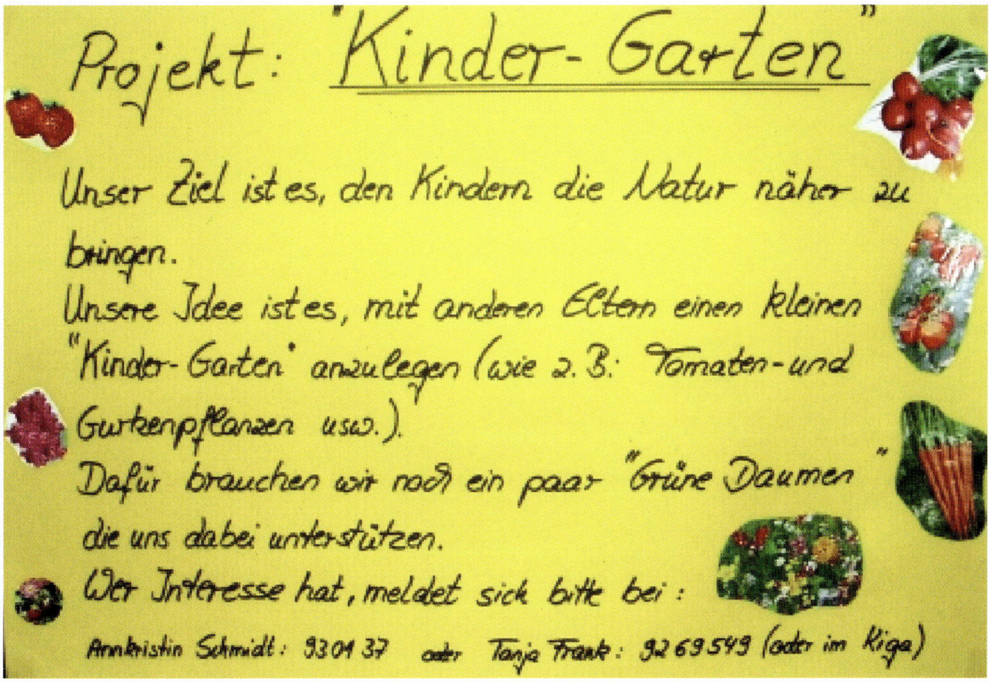

5.4 Kommunikation mit allen Eltern

▲ Einleitung

Gute Zusammenarbeit setzt eine gelungene Kommunikation voraus. Kommunikation gelingt, wenn man sich in die Situation des anderen hineinversetzen kann und weiß, wer der Partner ist.

Im Kapitel »Beschreibung der Ist-Situation« haben Sie viele Informationen über die Familien Ihrer Einrichtung zusammengetragen. Eine Erkenntnis war sicherlich, dass es nicht die Eltern gibt, sondern dass sie sehr unterschiedlich sind. Diese Unterschiede müssen bei Wahl der Kommunikationsinhalte und -formen berücksichtigt werden. Nicht jede Kommunikationsform eignet sich für jeden Vater oder jede Mutter. Man sollte sich von dem Anspruch verabschieden, mit einer Kommunikationsform (wie z.B. dem Elternabend) alle Eltern der Einrichtung effektiv anzusprechen. Informationen, die allen Eltern vermittelt werden sollen, müssen in der Regel über verschiedene Kommunikationsformen und -kanäle transportiert werden.

Die Kommunikation zwischen Kindergarten und Eltern hat unterschiedliche Inhalte und verschiedene Formen. Es gibt z.B.:

- Einzelgespräche zwischen Erzieherinnen und Eltern, z.B. Tür-und-Angel-Gespräche oder Entwicklungsgespräche,
- Gruppengespräche, zum Beispiel beim Elternabend,
- Aushänge,
- Elternbriefe,
- die Kindergartenzeitung,
- Wochenpläne oder den Rückblick auf den Tag,
- die schriftliche Konzeption, zum Beispiel in Form eines Flyers.

An erster Stelle der Kommunikationsformen mit Eltern steht das Tür-und-Angel-Gespräch. Obwohl gerade diese Gespräche die Basis für eine gute Zusammenarbeit schaffen können, wird ihnen im Kindergartenalltag oft wenig Aufmerksamkeit gewidmet. Das soll mit einer Beobachtungsübung geändert werden.

▶ Arbeitsschritt »Selbstbeobachtung bei Tür- und Angelgesprächen«

Schriftliche Informationen stehen für Erzieherinnen an zweiter Stelle, was aus zeitökonomischen Gründen nachvollziehbar ist. Es wird jedoch immer wieder beklagt, dass Eltern diese Informationen nicht annehmen. Auch der Elternabend – eine Form, mündlich zu informieren – ist nicht in allen Einrichtungen beliebt.

Da auf Informationen, Austausch und Gespräche nicht verzichtet werden kann, muss man überlegen, welche Information in welcher Form welchen Eltern vermittelt werden kann.

▶ Arbeitsschritt »Fünftes Projekttreffen: Informationen aus dem Kindergarten«

Es darf aber nicht vergessen werden, dass es die Erzieherinnen sind, die aus ihrer Professionalität heraus immer wieder auf Eltern zugehen und sich darum kümmern müssen, dass die Informationen die Eltern auch erreichen. Deshalb ist es sinnvoll, in Tür- und Angelgesprächen auf schriftliche Informationen hinzuweisen und nachzufragen, ob diese wahrgenommen und verstanden wurden. Dabei hilft auch eine kurze Vermittlung des Inhalts. Schriftliche Einladungen, z.B. zu einem Ausflug oder einem (Themen-)Elternabend werden eher angenommen, wenn sie durch eine persönliche Ansprache unterstützt werden.

Die persönliche Einladung allein reicht nicht, um Eltern zur Teilnahme an Elternabenden zu bewegen. Darüber hinaus müssen diese ziel(gruppen-)orientiert vorbereitet und durchgeführt werden.

▶ Arbeitsschritt »Gestaltung eines Elternabends«

Zur Gestaltung eines interessanten und ziel(gruppen-)orientierten Elternabends müssen drei Aspekte geklärt werden:
- die Zielsetzung,
- die Inhalte und Methoden,
- die Rahmenbedingungen.

Die Ziele eines Elternabends können sehr unterschiedlich sein:
- Wahl des Elternbeirats,
- Vorausschau auf das Kindergarten-Halbjahr,
- Eltern lernen Eltern kennen,
- Eltern lernen Erzieherinnen kennen,
- Wissen vermitteln (Verkehrserziehung, Schule...),
- Eltern engagieren sich für den Kindergarten,
- Eltern kennen die Umgebung, in der sich ihre Kinder aufhalten,
- Eltern kennen den Tagesablauf ihrer Kinder,
- Eltern kennen die Eltern ihrer »Kinderfreunde«,
- Eltern wissen, wie ihre Kinder gefördert werden,
- ...

Wichtig ist, die Ziele richtig zu formulieren. So bekommt man einen Ausgangspunkt für die Planung von Inhalten, Methoden und Rahmenbedingungen. Außerdem kann nur dann überprüft werden, ob Ziele erreicht wurden, wenn sie vorher festgelegt wurden.

Zuerst müssen die Inhalte festgelegt werden. Dabei ist zu bedenken, dass die Erzieherinnen über viel mehr Wissen verfügen als sie an einem Abend vermitteln können. Daher geschieht die Festlegung der Inhalte in zwei Schritten:
- sammeln und anschließend
- streichen, kürzen und auf die wichtigsten Aspekte reduzieren.

Insbesondere beim Streichen ist immer wieder an die Zielgruppe zu denken: Was wollen die Zuhörerinnen wissen? Welche Vorkenntnisse haben sie? Welche »Sprache« sprechen sie? Was soll vorrangig vermittelt werden?

Die Inhalte müssen methodisch gestaltet sein. Hilfreich ist ein Wechsel der Sprecherinnen, aber auch der benutzten Methoden. Diese müssen zum Inhalt passen, zur Zielgruppe und zur Moderatorin. Hinweise und Ideen für verschiedene Methoden können aus eigenen Seminarerfahrungen, erlebten Elternabenden oder Vorträgen gewonnen werden – oder aus entsprechender Fachliteratur.

Inzwischen gibt es Bücher mit methodisch sehr gut beschriebenen Elternabenden zu unterschiedlichen Themen, die gut kopiert werden können.

Bei der Gestaltung eines Elternabends ist darauf zu achten, dass er immer drei Teile beinhaltet:

- eine Einleitung (zum Kennenlernen, miteinander Warmwerden, Tagesordnung vorstellen, Überblick über den Abend geben),
- einen Hauptteil (in dem die festgelegten Inhalte vermittelt werden) und
- einen Schluss (der den Ablauf zusammenfasst, Möglichkeiten zum Weitermachen aufzeigt, Gelegenheit zum informellen Austausch gibt).

Die Rahmenbedingungen müssen an die Zielgruppe angepasst werden, z.B.

- Termin,
- Ort und Raum,
- Kinderbetreuung,
- Verpflegung.

Dabei wird es auch mit einer perfekten Planung nie gelingen, allen gerecht zu werden. Deshalb sollte der gleiche Inhalt in verschiedenen Rahmungen angeboten werden – zumindest wenn es Themen sind, mit denen alle Eltern erreicht werden sollen.

▲ Arbeitsschritte

△ Arbeitsschritt »Selbstbeobachtung von Tür-und-Angel-Gesprächen«

Ziel: Tür-und-Angel-Gespräche bewusst gestalten; Tür-und-Angel-Gesprächen einen konzeptionellen Rahmen geben.

Teilnehmerinnen: Alle Erzieherinnen.

Material: Beobachtungsbogen.

Ablauf: In einem Teamtreffen wird der Beobachtungsbogen für Tür-und-Angel-Gespräche vorgestellt und gegebenenfalls auf die spezielle Situation im Kindergarten hin verändert. Danach erfolgt eine Absprache, wer über welchen Zeitraum diesen Beobachtungsbogen ausfüllt (am besten alle Erzieherinnen über einen Zeitraum von zwei Wochen).

Nach Ablauf der Beobachtungsphase wird bei einem weiteren Teamtreffen eine Auswertung vor-genommen. Erster Schritt ist die Selbstreflexion jeder Erzieherin, die durch schriftliche Fragen unterstützt wird:
- Was fällt mir auf, wenn ich meine Beobachtungsbögen durchsehe?
- Mit wem habe ich häufiger gesprochen, mit wem seltener oder gar nicht?
- Geht die Initiative eher von mir aus oder von den Eltern?
- Was hat sich bei mir durch die Beobachtungen verändert?

Anschließend tauschen sich je zwei Erzieherinnen in einem Walk & Talk über ihre Beobachtungen und die gewonnenen Erfahrungen aus und überlegen, welche Konsequenzen sie aus den Ergebnissen ziehen könnten bzw. ob Fragen entstanden sind, die im Team zu klären sind. Die Ergebnisse dieser Walk-&-Talk-Runden werden im Plenum zusammengetragen. Hieraus lassen sich Zielsetzungen, Grundsätze und Abläufe von Tür-und-Angel-Gesprächen als eine Methode in der Zusammenarbeit mit Eltern für das ganze Team entwickeln und beschreiben.

Selbstbeobachtung bei Tür-und-Angel-Gesprächen am

Habe ich heute alle Eltern wahrgenommen? ☐ Ja ☐ Nein

Wie viele habe ich nicht gesehen? ....

Wie viele habe ich heute mit einer Geste oder auch mit Worten begrüßt? ....

Mit wie vielen Eltern habe ich heute ein Tür- und Angelgespräch geführt? ....

Genauere Beschreibung des Tür-und-Angel-Gesprächs mit ....

Wer hat das Gespräch begonnen? ☐ ich ☐ andere

Wie lang ging es? .... Minuten

Worüber haben wir gesprochen?

☐ über das Kind?

☐ über den Erwachsenen?

☐ über die familiäre Situation?

☐ Ich habe ein Anliegen/Infos zum KiGa vorgetragen.

☐ über »das Wetter«

☐ über ....

Wer hat das Gespräch beendet? ☐ ich ☐ andere

War der Rahmen/die Situation angemessen? ☐ Ja ☐ Nein

Wenn nein, was war nicht gut? ....

Gab es irgendwelche Ergebnisse/Vereinbarungen? ☐ Ja ☐ Nein

Welche? ....

Genauere Beschreibung des Tür-und-Angel-Gesprächs mit ....

Wer hat das Gespräch begonnen? ☐ ich ☐ andere

Wie lang ging es in etwa? .... Minuten

Worüber haben wir gesprochen?

☐ über das Kind?

☐ über den Erwachsenen?

☐ über die familiäre Situation?

☐ Ich habe ein Anliegen/Infos zum KiGa vorgetragen.

☐ über »das Wetter«

☐ über ....

Wer hat das Gespräch beendet? ☐ ich ☐ andere

War der Rahmen/die Situation angemessen? ☐ Ja ☐ Nein

Wenn nein, was war nicht gut? ....

Gab es irgendwelche Ergebnisse/Vereinbarungen? ☐ Ja ☐ Nein

Welche? ....

△ Arbeitsschritt »Fünftes Projekttreffen: Informationen aus dem Kindergarten«

Ziel: Kenntnis des Informationsbedürfnisses der Eltern sowie des Mitteilungsbedürfnisses der Erzieherinnen/des Elternbeirats/des Trägers und Nutzung tauglicher Informationswege.

Teilnehmerinnen: Alle Erzieherinnen und interessierte Eltern.

Material: Fragebogen, Wandzeitungen, dicke Filzstifte, Anleitung »Stellen Sie sich vor...«

Ablauf: Im »Fünften Projekttreffen« werden zum einen die Informationsbedürfnisse aller am Kindergarten Beteiligten sichtbar gemacht und in geeignete Informationswege umgesetzt. Zum zweiten geht es darum, die schriftlichen Informationen im Kindergarten in den Blick zu nehmen und auf ihre Wahrnehmbarkeit und Verständlichkeit hin zu überprüfen.

Um zu erfahren, wer welche Informationen auf welchen Wegen geben bzw. bekommen möchte, erhalten die Teilnehmerinnen den auf der nächsten Seite abgedruckten Fragebogen und bearbeiten ihn für sich. Anschließend werden Zweiergruppen gebildet (Erzieherin mit Erzieherin, Eltern mit Eltern...), die sich über ihre Ergebnisse austauschen und Gemeinsamkeiten und Unterschiede auf einer Wandzeitung festhalten. Die Ergebnisse der Arbeitsgruppen werden im Plenum vorgestellt.

Da an den Projekttreffen überwiegend Eltern teilnehmen werden, deren Informationsbedürfnis hoch ist und deren Möglichkeiten, Informationen aufzunehmen, sehr umfangreich sind, ist es wichtig, auch an die Familien zu denken, die an diesem Arbeitsschritt nicht beteiligt sind. Das kann durch eine Rollenübernahme der Teilnehmerinnen geschehen und entweder im Plenum oder in Arbeitsgruppen bearbeitet werden (»Wenn Sie sich nun in die Rolle berufstätiger/alleinerziehender/nichtdeutschsprachige/langjährig im Kindergarten seiender Eltern/... versetzen, wie würden die Antworten dann ausfallen?«).

Aus den gesammelten Erkenntnissen und Ergebnissen wird ein Informationskonzept erstellt, bei dem die unterschiedlichen Bedürfnisse und Möglichkeiten aller Beteiligten berücksichtigt sind:

Was	erfährt wer	von wem	wodurch?

Fragebogen »Informationen aus dem Kindergarten«

Informationen aus dem Kindergarten

Ich bin **Mutter/Vater** im Kindergarten und mich interessiert/ich möchte wissen:

Ich möchte Folgendes erfahren durch

- Lesen (Aushänge, Elternbriefe, Kindergartenzeitung, Konzeption…):
  ....
  ....
  ....
  weil ....
  ....
  ....
- persönliche Ansprache (Tür- und Angelgespräch, Entwicklungs-gespräch, Elternabend):
  ....
  ....
  ....
  weil ....
  ....
  ....
- Hospitation im Kindergarten:
  ....
  ....
  ....
  weil ....
  ....
  ....
- Sonstiges, und zwar
  ....
  ....
  ....
  weil ....
  ....
  ....

Was für mich noch hilfreich wäre:
....
....
....

Informationen aus dem Kindergarten

Ich bin **Erzieherin/Elternbeirat/Träger** im Kindergarten und ich möchte mitteilen:

Ich möchte ich Folgendes mitteilen durch

- Lesen (Aushänge, Elternbriefe, Kindergartenzeitung, Konzeption…):
  ....
  ....
  ....
  weil ....
  ....
  ....
- persönliche Ansprache (Tür- und Angelgespräch, Entwicklungs-gespräch, Elternabend):
  ....
  ....
  ....
  weil ....
  ....
  ....
- Hospitation im Kindergarten:
  ....
  ....
  ....
  weil ....
  ....
  ....
- Sonstiges, und zwar
  ....
  ....
  ....
  weil ....
  ....
  ....

Was für mich noch hilfreich wäre:
....
....
....

Im zweiten Teil des Projekttreffens geht es um die schriftlichen Mitteilungen im Kindergarten. Diese sollen in einer weiteren Begehung (vgl. Kap. 5.1) einmal mit anderen Augen betrachtet werden. Dazu bilden sich Arbeitsgruppen von drei bis vier Personen (am besten gemischte Teams). Diese gehen mit den gleichen Rollenanweisungen wie bei der ersten Begehung in den Kindergarten:

Stellen Sie sich vor, Sie sind...*

- eine berufstätige Mutter, die ihr Kind direkt nach der Arbeit und kurz vor Ende der Abholzeit abholt,
- eine interessierte Familie, die ihr Kind anmelden will,
- ein nicht-deutschsprachiger Vater, der sein Kind in den Kindergarten bringt.

Achten Sie darauf

- welche schriftlichen Informationen im Kindergarten Ihnen auffallen,
- welche davon Sie näher betrachten und
- welche Sie sogar lesen.
- Was macht es Ihnen leicht, eine schriftliche Information wahrzunehmen?
- Was verhindert die Beachtung mancher schriftlicher Informationen?
- Wie wäre es für Sie einfacher?

Notieren Sie Ihre Erlebnisse und Ergebnisse.

* Natürlich können Sie auch andere, für Sie passendere Beispielbesucher auswählen

Die Erlebnisse und Ergebnisse der Begehung werden im Plenum vorgestellt. Gemeinsam wird überlegt, welche Veränderungen aus diesen Erfahrungen heraus sinnvoll wären. Verabreden Sie zum Abschluss, wer sie bis wann und wie umsetzen wird.

△ Arbeitsschritt »Gestaltung eines Elternabends«

Ziel: Gestaltung interessanter und ziel(gruppen-)orientierter Elternabende.

Teilnehmerinnen: Alle Erzieherinnen und gegebenenfalls beteiligte oder interessierte Eltern.

Material: Wandzeitung und dicke Filzstifte.

Ablauf:

1. Sammeln Sie auf einer Wandzeitung die verschiedenen Ziele, die Sie mit der Durchführung des Elternabends erreichen wollen. Überlegen Sie auch, woran Sie nach dem Elternabend erkennen, ob Sie die Ziele erreicht haben.

2. Welche Inhalte wollen Sie vermitteln? Sammeln Sie alle wichtigen Aspekte auf einem Mindmap. Reduzieren Sie die Sammlung auf die zentralen Aussagen, die am ehesten eine Erreichung der Ziele möglich machen. Berücksichtigen Sie dabei die Ausgangssituation Ihrer Zielgruppe – am besten Sie versuchen, in die Rolle Ihrer Teilnehmerinnen zu schlüpfen und aus deren Perspektive auf die Inhalte zu schauen.
   Überlegen Sie, welche Methoden zu den zentralen Inhalten und Ihrer Zielgruppe passen. Greifen Sie dabei auf Ihre eigenen Erfahrungen in Seminaren, Vorträgen, Elternabenden sowie auf Ihre Ansätze zur Unterstützung kindlicher Bildungsprozesse zurück. Überlegen Sie, ob Sie die einzelnen Schritte auf mehrere Personen verteilen.
   Erstellen Sie einen Zeitplan, der ausreichend Puffer enthält, sowie eine Liste der benötigten Medien und Materialien.

3. Überlegen Sie, welche Rahmenbedingungen die Zielerreichung unterstützen. Oder denken Sie daran, was alles sein müsste, damit das Ziel des Elternabends ganz sicher nicht erreicht wird. Auch daran lassen sich Hinweise auf den passenden Rahmen ableiten.

4. Überlegen Sie, wie Sie zum Elternabend einladen wollen. Wie können Sie diejenigen ansprechen, deren Teilnahme Ihnen besonders wichtig ist?

5. Vereinbaren Sie die zugehörigen Arbeitsaufträge (zum Beispiel Vorbereitung eines inhaltlichen Beitrags, Bereitstellung von Materialien, Schaffung des nötigen Rahmens).

6. Vergessen Sie nicht die Auswertung. Sie kann mit dem unter »Beispiele und Anregungen« beschriebenen Auswertungsbogen erfolgen.

▲ Beispiele und Anregungen

△ Beispiel: Ergebnis einer Begehung

Quelle: Kindergarten St. Ulrich, Neckargemünd

Ergebnisse der Besichtigung der Aushänge	Was ist zu tun?
• Aktualität: Was ist neu? • Vielzahl an Infos – »Überflutung«? • »Ordnung« ist nicht lesefreundlich • vieles ist doppelt (Termine, Läuse...) • »Oben« geht unter • Unordnung	• auf Aushänge hinweisen • Schlagwort/Überschrift fett • Farblogik • weniger Text: reduzieren • Bilder, Symbole, Fotos einsetzen • Aktuelles, Veranstaltungskalender → Eltern • Infos mit Zeit, Hintergründen... • Erfahrungsberichte

△ Beispiel: Gemeinsame Gestaltung einer Info-Wand

Quelle: Kindergarten Abenteuerland, Linkenheim-Hochstetten

Ziele: Miteinander tun – handwerkliches Gestalten, Erneuerung des Flurbereich, Entwicklung eines Systems für:

- den Informationsfluss,
- die Gewährleistung des Austauschs (Team/Eltern – Eltern/Eltern),
- die Koordination von Aktionen von, für und mit Eltern.

Zielgruppe: Eltern und Erzieherinnen.

Begründung der geplanten Maßnahme: Im Flur haben wir eine schlecht gestaltete Info-Wand. Die Fläche ist nicht gut genutzt, Informationen, Fachliteratur usw. können nicht übersichtlich angebracht werden. Wir brauchen ein durchdachtes System, über das Informationen ausgetauscht und Aktionen koordiniert werden. Die Eltern sollen das »System« genauso nutzen wie das Team.

Beschreibung der Maßnahmen und dafür erforderliche Ressourcen:

- Interesse wecken durch Information des Elternbeirats und der Eltern
- Gestaltungs- bzw. Bauplan erstellen
- Finanzierung abklären
- Material- und Werkzeug beschaffen
- Termin festsetzen und handwerklich interessierte Eltern gewinnen
- Projektleiterin bestimmen, die die Eltern anleitet
- Arbeitsaufträge vergeben
- Getränke und Snacks für die Mitwirkenden bereithalten

Anmerkungen und Erfahrungen: Viele Eltern brachten sich ein. Eine Mutter vermittelte einen Schreiner, der das Holz zusägte. Schmirgeln, Streichen, Bekleben und Zusammenschrauben wurde an drei Nachmittagen von verschiedenen Eltern erledigt. Separat wurden die Decke und die Wände des Flurs gestrichen. Es hat allen viel Spaß gemacht. Keiner war überfordert. Der Flur mit der Projektwand sieht nun sehr einladend aus.

△ Beispiel: Schriftliche Kommunikation mit Eltern

Quelle: http://www.pro-kiga.de/eltern/zusammenarbeit/artikel21884.html

Elternbriefe wirkungsvoll präsentieren

Täglich strömt eine Flut von Informationen auf die Eltern ein. Damit Ihre Informationen aus dem Kindergarten und Hort auch gelesen werden und Beachtung finden, müssen sie zum Lesen und Betrachten reizen. Ferner müssen sie dazu anregen, sich mit der dargebotenen Information auseinander zu setzen. Entnehmen Sie den folgenden Tipps, ob Sie alles Wichtige bei Ihrer schriftlichen Kommunikation beachtet haben!

Tipps für die Gestaltung von schriftlichen Informationen an Eltern

- Formulieren Sie die Überschrift so, dass sie neugierig macht und Interesse weckt.
- Erzeugen Sie mit der optischen Aufmachung und Gestaltung die Aufmerksamkeit der Eltern.
- Erwähnen Sie das Wichtigste zuerst.
- Begrenzen Sie sich auf das Wesentliche.
- Gliedern Sie den Text.
- Setzen Sie bei der Gestaltung Schriftarten, Grafiken und Bilder gezielt und nicht im Übermaß ein.
- Stellen Sie deutlich heraus, warum dieses Schreiben für die Eltern wichtig ist und welchen Nutzen sie daraus ziehen können.
- Achten Sie bei Ihrem Schreibstil darauf, die Eltern zu informieren, anstatt sie zu belehren.

Informationswände ansprechend gestalten

Mit der Informationswand im Kindergarten erreichen Sie die Eltern, die in Ihre Einrichtung kommen. Die Info-Wand muss dort platziert sein, wo die Eltern automatisch vorbeikommen. Mit einer Info-Tafel wird die Information schnell und im Vorbeigehen vermittelt. Die folgenden Tipps zeigen, worauf Sie bei der Gestaltung der Informationswand achten sollten, damit Ihre schriftliche Kommunikation auch die Eltern erreicht.

Tipps zur Gestaltung von Informationswänden

- Beschränken Sie sich auf die wichtigsten Informationen. Informationswände, die wahllos voll gehängt sind, überfordern ihre Betrachter.
- Strukturieren Sie die Info-Wand mit Hilfe von Überschriften und optischen Hervorhebungen.
- Gestalten Sie die Info-Wand freundlich und einladend.
- Aktualisieren Sie die Info-Wand regelmäßig (wöchentlich oder mindestens einmal im Monat)
- Bieten Sie den Eltern Rubriken an, in denen sie ihre Aushänge unterbringen können: zum Beispiel »Ich suche/ich biete«.

△ Beispiel: Planung eines Elternabends

Informationsveranstaltung für interessierte Eltern

Ziele
- innerhalb kürzester Zeit möglichst viele Informationen anschaulich vermitteln
- Eltern und Erzieherinnen fühlen sich wohl
- Eltern entwickeln Vertrauen in die Kompetenz des Teams

Erfolgskriterien
- entspannte Atmosphäre (Mimik, Gestik der Eltern)
- offene Fragen und Gespräche unter den Teilnehmerinnen und Teilnehmern
- mehr als die Hälfte der Eltern melden ihr Kind an

Inhalt und Form
- Beginn im Plenum mit Begrüßung und einer soziometrischen Übung zum Kennenlernen
- Vorstellungsrunde
- Rallye durch den Kindergarten (Kleingruppen unter Leitung je einer Erzieherin)
- Plenum zur Vorstellung der Konzeption (wird illustriert durch Gegenstände unter einer Decke, die nach und nach hervorgeholt werden)
- Klärung offener Fragen
- Verabschiedung

Rahmenbedingungen
- Abendveranstaltung, damit beide Eltern kommen können
- Stuhlkreis, um eine offene Atmosphäre zu schaffen
- Informationsmaterialien liegen aus
- Getränke

△ Beispiel: Auswertung eines Elternabends

Auswertung des Elternabends zum Thema ....

am: .... von .... bis .... Uhr

- Anzahl der Teilnehmerinnen?
  (ggf. unterscheiden nach Erzieherinnen, Eltern, Kinder)

- Ziele – Zielgruppen erreicht?

- Ablauf – Durchführung wie geplant?

- Vermutete oder bekannte Ursachen für Zielerreichung bzw. Nichterreichung des Ziels:

- Vermutete oder bekannte Ursachen für Einhaltung bzw. Abweichungen vom Ablauf:

- Schlussfolgerungen für weitere Elternabende:

- Gibt es aus dem Elternabend heraus entstandene weitere Themen/Projekte/Ideen?

6 Reflexion als zentraler Bestandteil von Veränderungsprozessen

▲ Einleitung

Am Ende eines jeden Projekts steht die Auswertung der geleisteten Arbeit:
- Was hatten wir vor?
- Was wurde getan?
- Was wurde erreicht?
- Was hat sich verändert?
- Was wollen wir beibehalten und was wieder aufgeben?
- Woran wollen wir noch weiter arbeiten?

▶ Arbeitsschritt »Sechstes Projekttreffen: Auswertung unseres Projekts«

Eine Reflexion der geleisteten Arbeit schließt nicht nur einzelne Projekte ab, sie muss Bestandteil jeder Arbeit sein. Deshalb bekamen die beteiligten Einrichtungen am Ende der Projektlaufzeit einen Fragebogen zur »Reflexion unserer Zusammenarbeit mit Eltern«, den sie in regelmäßigen Abständen immer wieder nutzen können, um einen kritischen Blick auf ihre Arbeit zu werfen.

▶ Arbeitsschritt »Reflexion unserer Zusammenarbeit mit Eltern«

Nicht nur die Selbstreflexion zeigt Ansatzpunkte zur Verbesserung auf, auch die Eltern müssen immer wieder nach ihren Meinungen, Einstellungen und Wünschen befragt werden.

▶ Arbeitsschritt »Befragung der Eltern«

▲ Arbeitsschritte

△ Arbeitsschritt »Sechstes Projekttreffen: Auswertung unseres Projekts«

Ziel: Den Verlauf des Projekts darstellen und seine Ergebnisse kritisch würdigen.

Teilnehmerinnen: Alle Erzieherinnen und alle beteiligten Eltern.

Material: Farbige Karten (blau, gelb, grün), Arbeitsanweisung, große Plakate und dicke Filzstifte.

Ablauf: Der erste Schritt ist die Zusammenfassung des Projektverlaufs. Dazu kann z.B. eine Wandzeitung vorbereitet werden, die zu Beginn des Projekttreffens vorgestellt und gegebenenfalls ergänzt wird. Sie zeigt, welche Arbeitsschritte mit welchen Ergebnissen stattgefunden haben.

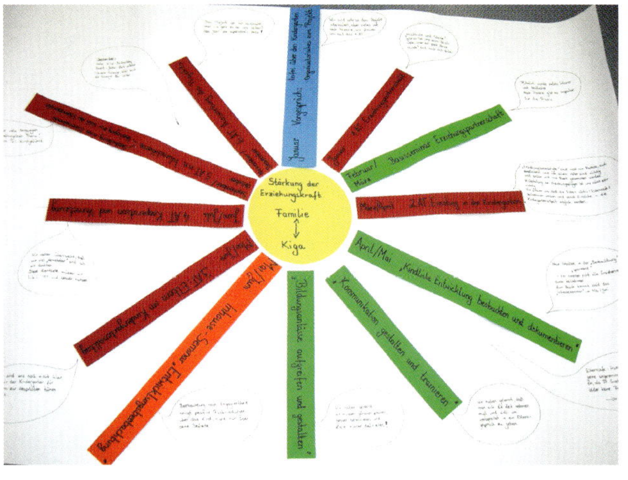

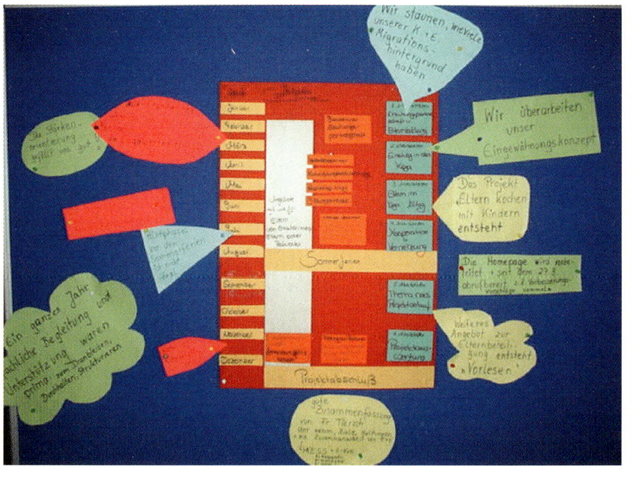

Nach der Darstellung des Projektverlaufs werden Zweiergruppen gebildet (Eltern mit Eltern, Erzieherinnen mit Erzieherinnen), die folgende Anleitung und die entsprechenden Karten und dicke Filzstifte erhalten:

Anleitung: Tauschen Sie sich zu folgenden Fragen aus:
- Was hat sich an meiner Haltung und an meinem Verhalten verändert? (blaue Karte)
- Welche Veränderungen gab es aus meiner Sicht auf der Teamebene bzw. zwischen den Eltern? (gelbe Karte)
- Hat sich das Verhältnis zwischen Erzieherinnen und Eltern bzw. Elternbeirat verändert, wenn ja, wie? (grüne Karte)

Notieren Sie Ihre Ergebnisse auf den jeweils angegebenen Karten.
Die Karten werden vorgestellt und auf die Wandzeitung geklebt:

Wirkungen des Projekts: Was hat sich verändert…		
… bei mir selbst?	… im Team bzw. unter den Eltern?	… in der Beziehung zwischen Eltern und Erzieherinnen?

Um die Nachhaltigkeit des Projekts zu sichern, wird im Plenum diskutiert und die Ergebnisse auf einer Wandzeitung festgehalten:

- Was wollen wir beibehalten – und wie können wir das sicherstellen?
- Was wollen wir nochmals verändern oder neu einführen – und wie können wir das tun?
- Was wollen wir streichen – und warum?

Was wollen wir...		
... beibehalten und wie können wir das sicherstellen?	... verändern/einführen und wie können wir das tun?	... streichen und warum?

Am Schluss wird überlegt, wer in welcher Form von diesem Projekt erfahren soll und wie die geleistete Arbeit und der erfolgreiche Abschluss gefeiert werden. Hierzu braucht es sicherlich keine genauere Anleitung mehr...

△ Arbeitsschritt »Reflexion unserer Zusammenarbeit mit Eltern«

Ziel: Die Zusammenarbeit mit den Eltern regelmäßig allein und im Team auswerten.

Teilnehmerinnen: Alle Erzieherinnen.

Material: Fragebogen für die Einzelarbeit, Fragebogen für die Teamarbeit, große Plakate und dicke Filzstifte.

Ablauf: Zur Vorbereitung der Arbeit im Team erhält jede Erzieherin den auf den nächsten Seiten abgedruckten Reflexionsbogen mit dem Auftrag, ihn bis zum vereinbarten Treffen auszufüllen.

Die Einschätzungen der Erzieherinnen werden im Team ausgetauscht. Danach wird gemeinsam überlegt, welche Schlussfolgerungen gezogen werden. Das Arbeitsblatt »Reflexion unserer Zusammenarbeit mit Eltern – Teamarbeit« unterstützt dabei.

Reflexion der Zusammenarbeit mit Eltern – Einzelarbeit

Zur professionellen Zusammenarbeit mit Eltern gehört die regelmäßige Überprüfung der eigenen Praxis. Der vorliegende Reflexionsbogen soll Ihnen und Ihrem Team Anregungen dazu geben. Nehmen Sie sich ausreichend Zeit zur Bearbeitung und diskutieren Sie Ihre Ergebnisse mit Ihren Kolleginnen im Team.

Wie zufrieden bin ich insgesamt mit der Zusammenarbeit mit den Eltern

a. in Bezug auf meine Gruppe

☐ ☐ ☐ ☐ ☐

voll und ganz … gar nicht

b. in Bezug auf die ganze Einrichtung

☐ ☐ ☐ ☐ ☐

voll und ganz … gar nicht

Inwieweit konnte ich meine Jahresziele bzw. Schwerpunkte der Elternarbeit erreichen? Benennen Sie die Schwerpunkte einzeln.

a. Mein Ziel .... habe ich erreicht

☐ ☐ ☐ ☐ ☐

voll und ganz … gar nicht

b. Mein Ziel .... habe ich erreicht

☐ ☐ ☐ ☐ ☐

voll und ganz … gar nicht

c. Mein Ziel .... habe ich erreicht

☐ ☐ ☐ ☐ ☐

voll und ganz … gar nicht

Haben sich andere Schwerpunkte der Zusammenarbeit als die geplanten ergeben? Wer hat sie angestoßen? Was hat sich daraus entwickelt?

....

....

Was förderte und was hemmte die Zusammenarbeit mit den Eltern?

☺ ....

....

☹ ....

....

Wobei fühlte ich mich besonders wohl? Wobei nicht?

☺ ....

....

☹ ....

....

Wie wohl fühlten sich meiner Meinung nach die Eltern im Kindergarten?

☐ voll und ganz ☐ ☐ ☐ ☐ gar nicht

Welche Rückmeldungen von Eltern und dem Elternbeirat habe ich bei der Zusammenarbeit mit Eltern bekommen?

....

....

Habe ich alle neuen Eltern erreicht und integriert? Welche nicht?

....

....

Gibt es noch Eltern, die gar kein Angebot annehmen? Wie könnte ich diese erreichen?

....

....

Bei welchen Gelegenheiten konnten die Eltern mitwirken und mitbestimmen?

....

....

Planten und führten die Eltern eigene Aktivitäten durch? Welche?

....

....

Wie gestaltete sich die Zusammenarbeit mit dem Elternbeirat?

....

....

Habe ich ausreichend Einblick in die Familiensituation der Kinder gewonnen? Bei welchen Kindern nicht?

....

....

Wie konnte ich Eltern und Kindern bei Verhaltensauffälligkeiten, Erziehungsschwierigkeiten und anderen Problemen helfen? Wo hätte ich mehr Unterstützung vom Team gebraucht? Wo erlebte ich meine Grenzen?

....

....

Schlussfolgerungen: Für mich ergibt sich aus dieser Reflexion:

....

....

....

....

Reflexion unserer Zusammenarbeit mit Eltern – Teamarbeit

Was wollen wir beibehalten? Wie können wir das sicherstellen?

....
....
....
....
....

Was wollen wir nochmals verändern oder neu einführen? Wie können wir das tun?

....
....
....
....
....

Was wollen wir wieder streichen? Warum?

....
....
....
....
....

Wer muss dafür was bis wann tun?

Wer?	Was?	Bis wann?

Wen wollen wir über unsere Ergebnisse informieren? In welcher Form?

....
....
....
....
....

Wir überprüfen unsere Elternarbeit wieder am ....

△ Arbeitsschritt »Befragung der Eltern«

Ziel: Kenntnis der Meinungen und Wünsche der Eltern.

Teilnehmerinnen: Alle Eltern.

Material: Je nach Plan.

Ablauf: Sammeln Sie im Team – am besten in Absprache mit dem Elternbeirat – Themen, zu denen Sie die Eltern befragen wollen. Überlegen Sie, welche Methoden der Befragung für welche Eltern und für welche Inhalte geeignet sind. Unter ▶ Beispiele und Anregungen sind verschiedene Möglichkeiten aufgezeigt, die von einzelnen Einrichtungen im Rahmen des Projekts ausprobiert wurden.

Befragen Sie die Eltern und werten Sie die Ergebnisse aus.

Ganz wichtig ist es, die Ergebnisse den Eltern zugänglich zu machen und zu zeigen, was aufgrund ihrer Hinweise tatsächlich verändert wird. Nur wenn Eltern erleben, dass ihre Meinung auch etwas bewegt, sind sie bereit, sich für ihre Interessen und Veränderungen im Kindergarten weiterhin stark zu machen.

▲ Beispiele und Anregungen

△ Beispiel: Was wollen wir…?

Quelle: Ev. Kindergarten Baden-Badener Straße, Heidelberg

Was wollen wir...		
... beibehalten und wie können wir das sicherstellen?	... verändern/einführen und wie können wir das tun?	... streichen und warum?
Kochclub ist jetzt in Elternhand – Ansprechpartnerin bleibt Frau K. Finanzierung: aus dem Erlös des Kochbuchs und Teilnehmerinnen zahlen zwei Euro Beitrag Deutschkurs ist finanziert über die Gemeinde bis zu den Sommerferien; danach: Sponsoren suchen (Frau M.) Strickclub Finanzierung: über den Verkaufserlös. Kontakt zu Senioren aufnehmen. Wollen die mitmachen? – Dann neuen Termin suchen. Ansprechpartnerin: Frau A. Elternchor/-orchester Hat der Elternbeirat übernommen und führt es auf eigenen Wunsch selbstständig durch	Fitnessclub Test: Eltern und Kinder als Teilnehmer Test: andere Zeit Nochmalige Nachfrage bei Eltern nach Interesse und passendem Termin Problem: die fehlende Kinderbetreuung Problem: Fitness nur einmal im Monat bringt nichts Ziel: Kontakt der Familien untereinander Idee dazu: Fitnessdrink im Anschluss anbieten Neuer Vorschlag soll bis Ende Oktober erarbeitet werden (Frau S., Frau K.) Elternfrühstück/-café Einladung für Eltern ist ausgesprochen: vereinzelte Eltern nehmen das schon an. Werbung durch (täglich) wechselnden Slogan, morgens mal Waffeln backen (Duft!), in der Eingewöhnungsphase als Ort zum Verweilen anbieten, persönliche Einladung (auch, wenn das Kind schon in der Gruppe ist), Kaffee ist fertig gekocht, Ziele: Haus öffnen – Kontakte für Eltern ermöglichen – Ritual für die Kinder (erleichtert den Einstieg) – entspannter Einstieg in den Tag für Eltern und Kinder	Nichts!

△ Beispiel: Methoden zur Befragung der Eltern

Elternbefragung über teilstandardisierte Fragebogen

Anwendungsbereich: Zur Ermittlung der Einschätzungen, Bedürfnisse, Wünsche, Ideen der Eltern.

Material: Kopien des Fragebogens und ein Anschreiben an die Eltern. Sammelbox(en).

Grundregeln: Um den Rücklauf der Fragebögen zu erhöhen, empfiehlt es sich, den Fragebogen den Eltern persönlich zu übergeben und eventuell an die Rückgabe zu erinnern. Die Befragung ist selbstverständlich anonym.

Die ausgewerteten und aufbereiteten Ergebnisse der Befragung sollten den Eltern in jedem Fall aufbereitet mitgeteilt werden.

Vorbereitung: Im Team werden die Themen gesammelt, zu denen die Eltern befragt werden sollen. Daraus werden Fragen mit Antwortalternativen formuliert. Bei jeder Frage sollten die Eltern aber auch eigene Wünsche und Ideen aufschreiben können (leere Zeilen im Fragebogen).

Im Anschreiben zum Fragebogen müssen Ziel der Befragung, Hinweise zum Ausfüllen, Abgabetermin und ein Dankeschön fürs Mitmachen vermittelt werden.

Durchführung: Fragebogen kopieren, den Eltern persönlich aushändigen und eventuell Unterstützung beim Ausfüllen anbieten. Sammelbox mit »Hinweisschild« in den Gruppen aufstellen, wenn es darum geht, einen Überblick darüber zu bekommen, welche Bögen aus welcher Gruppe kommen, oder im Eingangsbereich positionieren. Die Eltern an die Abgabe erinnern.

Für die Auswertung werden die Fragen mit Antwortalternativen per Strichliste ausgezählt – so ergeben sich Häufigkeiten. Antworten auf offene Fragen werden zuerst detailliert notiert. Im zweiten Schritte werden ähnliche Antworten zusammengefasst und durch Oberbegriffe beschrieben. Dann können auch hier die Häufigkeiten ausgezählt werden.

Befragung im Rahmen eines Elterncafés

(Quelle: AWO-Kindertagesstätte Bernstein, Karlsruhe)

Im Anschluss an die Abholzeit (16.30 bis 18.00 Uhr) wird ein Elterncafé angeboten, bei dem die Kinder weiterhin betreut sind. Nach einer Einführung ins Thema durch eine Erzieherin werden die Fragebögen an den Tischen besprochen, diskutiert und anschließend einzeln oder gemeinsam ausgefüllt. Eine ehemalige Praktikantin steht als Dolmetscherin für russischsprachige Eltern zur Verfügung.

Befragung an einem »Befragungstag«

(Quelle: Ev. Kindergarten Baden-Badener Straße, Heidelberg)

Nachdem die Eltern im Vorfeld von der Befragung informiert wurden, gab es einen Befragungstag. An diesem wurden die Eltern persönlich angesprochen und um Beantwortung des Bogens gebeten. Hierfür standen im Flur der Einrichtung Tische mit den Fragebögen, Stiften, Keksen und Getränken zur Verfügung. Die Erzieherinnen boten ihre Hilfe beim Ausfüllen an.

Elternbefragung im Rahmen einer Elternveranstaltung/Elternabend

Anwendungsbereich: Zur Ermittlung der Bedürfnisse, Wünsche, Ideen der Eltern.

Material: Flipchart und dicken Filzstift.

Grundregeln: Es gelten die Grundregeln des Brainstorming.

Vorbereitung: Frage formulieren und (als Überschrift) aufschreiben, zum Beispiel »Welche Informationen wünschen Sie sich von unserem Kindergarten?«

Durchführung: Die Moderatorin stellt die Frage an den Teilnehmerkreis und regt den Ideenfluss der Teilnehmenden an. Die Beiträge werden der Moderatorin zugerufen und von ihr am Flipchart aufgeschrieben. Alle Beiträge sind willkommen, an dieser Stelle wird nicht diskutiert oder aussortiert.

Im nächsten Schritt werden die Ideen nach Oberbegriffen geordnet und weiterverarbeitet, z.B. über eine Punktwahl.

Flipchart-Befragung

Anwendungsbereich: Zur Ermittlung der Einschätzungen, Bedürfnisse, Wünsche, Ideen der Eltern.

Material: Flipchart und dicken Filzstift.

Grundregeln: Häufig wechselnde offene oder geschlossene Fragen (»Wie wohl fühlen Sie sich in unserem Kindergarten?« oder »Welche Informationen wünschen Sie sich in schriftlicher Form von unserem Kindergarten?«), zu denen Eltern nur einen Punkt auf einer Skala oder ein Stichwort aufschreiben müssen.

Vorbereitung: Frage formulieren und als Überschrift aufschreiben – Material zur Beantwortung bereitlegen (Stifte oder Klebepunkte).

Durchführung: Das Flipchart wird gut sichtbar im Eingangsbereich aufgestellt. Mehrere Tage lang wird den Eltern je eine thematisch zusammenhängende Frage gestellt. Die Eltern kleben Punkte oder notieren mit einem dicken Stift ihre Antworten. Die Auswertung ist so gleich für alle sichtbar.

Wunschbaum oder Wäscheleinen-Befragung

Anwendungsbereich: Zur Ermittlung der Einschätzungen, Bedürfnisse, Wünsche, Ideen der Eltern.

Material: Karten und dicke Stifte und Material zum Befestigen der Karten am Wunschbaum oder an der Wäscheleine.

Grundregeln: Pro Karte ein Stichwort.
Vorbereitung: Frage formulieren und als Überschrift aufschreiben – Material zur Beantwortung bereitlegen.

Durchführung: Die zuvor festgelegte Fragestellung wird deutlich sichtbar befestigt. Die Eltern haben innerhalb einer bestimmten Zeit die Möglichkeit, ihre Antworten auf Karten zu notieren und am Wunschbaum oder der Wäscheleine zu befestigen. Die Auswertung erfolgt wie bei der Kartenabfrage.

Persönliche Befragung der Eltern

Anwendungsbereich: Zur Ermittlung der Einschätzungen, Bedürfnisse, Wünsche, Ideen der Eltern.

Material: Dokumentationsbogen.

Grundregeln: Keine.

Vorbereitung: Im Team wird ein Leitfaden für die Befragung der Eltern entwickelt.

Durchführung: Die Befragung der Eltern zu einem bestimmten Themenkomplex findet im Einzelgespräch im Rahmen der Elternsprechtage statt. Die Ergebnisse werden auf dem Dokumentationsbogen festgehalten.

Leitfaden für ein Gespräch mit Eltern

- Welche Formen der Zusammenarbeit im Kindergarten kennen die Eltern? Welche davon nutzen sie und warum? Welche Angebote nutzen sie nicht, warum nicht?
- Welche Umstände oder Rahmenbedingungen helfen den Eltern, Angebote des Kindergartens anzunehmen?
- Welche Sorgen machen sich Eltern?
- Wohin wenden die Eltern sich mit Fragen zu Erziehungsthemen?
- Von wem erwarten und bekommen Eltern Unterstützung bei Erziehungsfragen? Welche weiteren Informationsquellen und Anlaufstellen nutzen Eltern neben dem Kindergarten?

Zukunftskonferenz und Zukunftswerkstatt

Nur der Vollständigkeit halber ist die Zukunftskonferenz hier als eine Form der Befragung (nicht nur) von Eltern aufgeführt. Denn diese Methode erfordert ein hohes Maß an Prozesssteuerungs- und Moderationskompetenz, da sonst nicht mit greifbaren Ergebnissen zu rechnen ist. Deshalb wird sie von Kindergärten nicht ohne externe Unterstützung umgesetzt werden können. Da die Motivation, die aus solchen Zukunftskonferenzen in der Regel entsteht, sehr hoch ist, ist der hohe Einsatz von Geld und Zeit in diese Methode auch gerechtfertigt.

Anwendung: Die Zukunftswerkstatt ist ein Verfahren zur Entwicklung einer Vision und Erarbeitung erster Schritte der Umsetzung. Sie ist geeignet für größere Gruppen ab 12 Teilnehmerinnen.

Material: Moderationsmaterial.

Grundregeln: Es sollten möglichst viele Betroffenen beteiligt werden, also im Falle eines Kindergartens die Eltern, die Erzieherinnen, der Träger, die Schulen, die Kommune, aber auch – auf einer anderen Ebene – die Kinder.

Vorbereitung: Formulierung des Themas, z.B. »Unsere Kita in der Zukunft – die Zukunft unserer Kita«, Einladung aller Beteiligten.

Durchführung: Mit Hilfe einer erfahrenen Moderatorin.

△ Beispiel: Fragbogen für Eltern

Quelle: Ev. Kindergarten Baden-Badener Straße, Heidelberg

Liebe Eltern!

Wir möchten wissen, wie zufrieden Sie mit uns und dem Kindergarten sind und was Sie sich noch wünschen. Dazu haben wir diesen Fragebogen entwickelt. Wir bitten Sie nun um Ihre Mithilfe und danken Ihnen für die Unterstützung! Das Mitarbeiter-Team des Ev. Kindergartens Baden-Badener Straße, Heidelberg

Öffnungszeiten und Mittagessen

Als erstes möchten wir uns einen Überblick verschaffen über die von Ihnen gewünschten Betreuungszeiten. Allerdings möchten wir gleich anmerken, dass wir Ihnen eine exakte Umsetzung Ihrer Wünsche nicht versprechen können.

Sagen Sie uns bitte, ob Sie mit den angebotenen Betreuungszeiten zufrieden sind oder wann Sie Ihr Kind lieber bringen bzw. holen würden und ob Sie sich ein Mittagessen für Ihre Kinder wünschen.

Mir reichen die angebotenen Betreuungszeiten aus

☐ ja

☐ nein, für mich wären folgende Betreuungszeiten günstiger:

Ich würde mein Kind gerne ab .... Uhr bringen.

Ich würde mein Kind gerne zwischen .... und .... Uhr wieder abholen.

Ich wünsche mir ein Mittagessen für mein Kind

☐ ja

☐ nein

Angebote für Kinder, Eltern und Familien

Wir wollen unsere Angebote auf den Prüfstand stellen. Deshalb interessiert uns Ihre Zufriedenheit mit den Angeboten für Kinder, Eltern oder Familien. Dafür bitten wir Sie, diesen einzelnen Aktivitäten Schulnoten zu geben. Wenn Sie mit einem Angebot sehr zufrieden sind, kreuzen Sie die »1« an, wenn Sie ganz und gar nicht zufrieden sind, entspricht dies der »6«.

Ich bin mit diesen Angeboten zufrieden...	1	2	3	4	5	6
Erster Elternabend						
Themen-Elternabende zusammen mit anderen Kindergärten						
Bastelnachmittage						
Elternbriefe						
Sommerfest						
Ausflüge						

Unabhängig davon, wie zufrieden Sie mit den Angeboten sind, wüssten wir gern: Welche Angebote würden Sie gerne häufiger nutzen, welche seltener und welche könnten wir Ihrer Meinung nach ganz weglassen?

Diese Angebote würde ich...	häufiger	seltener	nie nutzen
Erster Elternabend			
Themen-Elternabende zusammen mit anderen Kindergärten			
Bastelnachmittage			
Elternbriefe			
Sommerfest			
Ausflüge			

Gibt es darüber hinaus noch andere Angebote oder Formen der Zusammenarbeit, die Sie sich wünschen? Hier einige Vorschläge, doch hoffen wir auch auf Ergänzungen durch Sie. Bitte geben Sie an, ob Sie die folgenden und von Ihnen ergänzten Angebote eher nutzen würden oder eher nicht nutzen würden.

Diese Angebote würde ich...	eher nutzen	eher nicht nutzen
Elterncafé		
Regelmäßige Gesprächskreise der Eltern		
Hospitation im Kindergartenalltag		
Zusammenarbeit zwischen Kiga und Therapeuten		
Freizeitangebote für die Familien		
Beratungsangebote in der Einrichtung		

Informations- und Beratungsgespräche zwischen Eltern und Erzieherinnen

Zum Dritten geht es um die Zusammenarbeit zwischen Ihnen und den Erzieherinnen, die der es um Ihr Kind geht.

Zuerst wüssten wir gern von Ihnen, welche Gelegenheiten Sie zu einem Gespräch mit den Erzieherinnen nutzen. Wenn es noch weitere Gelegenheiten gibt, die wir hier vergessen haben, können Sie sie in den leeren Zeilen ergänzen.

Bei diesen Gelegenheiten spreche ich...	gerne	nicht so gerne	nie mit den Erzieherinnen
Beim Bringen und Abholen			
Beim Elternabend			
Während eines Bastelnachmittags			
Bei einem Fest			
Während eines Ausflugs			
Bei einem vereinbarten Gespräch			

Und mit welchen Themen und Fragen wenden Sie sich bislang an die Erzieherinnen? Sicher gibt es noch weitere Themen oder Fragen, die wir hier vergessen haben. Diese können Sie in den leeren Zeilen ergänzen.

Mit diesen Themen/Fragen wende ich mich...	öfter	seltener	nie an den Erzieherinnen
Verhalten meines Kindes in der Einrichtung			
Erziehungsfragen bezüglich des Kindergartenkindes			
Erziehungsfragen bezüglich meiner anderen Kinder			
Gesundheit meines Kindes/meiner Kinder			
Verhaltensauffälligkeiten und Begabungen			
Freizeitangebote			
Familiäre Themen			

Pädagogische Arbeit mit Kindern

Im vierten Teil fragen wir Sie nach Ihrer Zufriedenheit mit unserer pädagogischen Arbeit. Deshalb wüssten wir gerne von Ihnen:

Sind Sie der Meinung, dass Ihr Kind genügend Angebote im Spielen und Basteln bekommt?

☐ ja ☐ nein, mir fehlt: ....

Sind Sie mit unserem Erziehungsstil einverstanden?

☐ ja ☐ nein, mir gefällt nicht: ....

Hier können Sie uns sagen, was Ihnen für die Erziehung Ihres Kindes wichtig ist:

....

....

....

....

....

....

Mithilfe von Eltern

Da wir uns insgesamt eine engere Zusammenarbeit zwischen Eltern und Erzieherinnen in unserer Einrichtung wünschen, wüssten wir von Ihnen gerne:

Gibt es Talente, Fähigkeiten oder besondere Kenntnisse, die Sie in die Kindergartenarbeit einbringen könnten und wollen (z.B. handwerkliche Fähigkeiten, interessanter Arbeitsplatz, der besucht werden kann, Kenntnisse über Tiere oder Pflanzen, Musik, Hobbys...)?

Ich kann .... anbieten.

Wir freuen uns über weitere Anregungen von Ihnen für die Zusammenarbeit zwischen Eltern und Erzieherinnen:

....

....

....

....

....

....

Vielen Dank für Ihre Beteiligung!

Rainbow
Bolle di

Anhang

▲ Moderationsmethoden

Im Folgenden sollen einige Methoden vorgestellt werden, die sowohl im Rahmen der einzelnen Arbeitsschritte als auch grundsätzlich in der Arbeit mit Gruppen (Dienstbesprechung, Elternabend) nützlich sind. Diese Beschreibung kann nur erste Hinweise auf die Anwendung geben – eine vertiefte Beschäftigung mit entsprechender Literatur zu Seminar- oder Arbeitsmethoden oder das mutige Ausprobieren und Reflektieren der gemachten Erfahrungen sind auf alle Fälle hilfreich. Die Methoden sind mit Ausnahme der Beschreibung des »Projekttreffens« alphabethisch sortiert.

△ Projekttreffen – Durchführung

Die einzelnen Phasen eines Projekttreffens sind im jeweiligen Kapitel genau beschrieben. Für die Einleitung und den Schluss gelten aber allgemeine Vorgehensweisen:

Die Einleitung eines Projekttreffens könnte z.B. so aussehen:

- Begrüßen Sie die Teilnehmerinnen offiziell.
- Stellen Sie den Zeitrahmen sowie den Zeitplan vor und stimmen Sie ihn mit den Teilnehmerinnen ab.
- Wenn sich nicht alle Teilnehmerinnen kennen, beginnen Sie mit einer Vorstellungsrunde beim ersten gemeinsamen Projekttreffen.
- Führen Sie ins Thema ein: Worum geht es heute? Was sind die Hauptfragen des Treffens? Was ist die Zielsetzung?

Anschließend folgen Sie dem beschriebenen Vorgehen des jeweiligen Arbeitsschritts.

Gegen Ende eines jeden Arbeitsschrittes sollten Sie die Diskussion zusammenfassen und gegebenenfalls vereinbarte Arbeitsaufträge auf einer Wandzeitung festhalten:

Für unsere Weiterarbeit verabreden wir folgende Arbeitsaufträge:					
Wer?	Was?	Bis wann?	Mit wem?	Dafür erforderlich?	Erledigt

Am Schluss eines jeden Projekttreffens sollte eine Abschlussrunde stehen, in der jede Teilnehmerin ihre persönliche Bilanz ziehen kann:

- Hat mir die Arbeit heute Spaß gemacht?
- War die Arbeit effektiv?
- Bin ich mit dem Ergebnis zufrieden?
- Was wünsche ich mir für unser nächstes Treffen?

△ Blitzlicht

Anwendung:
Ermittlung der Erwartungen der Teilnehmerinnen zu Beginn einer Veranstaltung. Abrufen eines Stimmungsbildes während einer Diskussion. Gelegenheit zur Rückmeldung am Ende einer Veranstaltung.

Material: Nicht erforderlich.

Grundregeln: Alle Teilnehmerinnen äußern sich kurz reihum oder in beliebiger Reihenfolge zu der gestellten Frage. Die Beiträge werden nicht kommentiert. Gegebenenfalls können die Beiträge visualisiert werden, wenn später daran weitergearbeitet werden soll.

Vorbereitung: Formulierung der Fragestellung, z.B. »Welches war Ihr größtes Aha-Erlebnis im Laufe dieses Projekttreffens? Und was haben Sie darin vermisst?«

Durchführung: Die Frage wird an alle Teilnehmerinnen gestellt – die Leiterin achtet auf die Einhaltung der Regeln und die Beteiligung aller.

△ Brainstorming

Anwendung: Das Brainstorming gehört zu den Kreativitätstechniken und kann verwendet werden, wenn in kurzer Zeit viele – vor allem auch unkonventionelle – Ideen gesammelt werden sollen. Diese Ideensammlung dient als Basis für die weitere Arbeit.

Material: Flipchart mit dickem Filzstift, Pinnwand mit Karten und Filzstiften für die Teilnehmerinnen oder Tafel mit zugehörigem Stift.

Grundregeln:
- Keine Kritik – während des Brainstormings werden alle Beiträge ohne jede Bewertung erfasst. Jede Kritik würde den Ideenfluss der Teilnehmerinnen hemmen.
- Quantität vor Qualität – wichtig ist, dass möglichst viele Ideen zusammengetragen werden. Bei einer Vielzahl von Beiträgen steigt die Chance, dass gute darunter sind.
- Freier Lauf der Assoziationen – auch und gerade völlig utopische Vorschläge sind willkommen. Sie können als Anstoß für eine ganz neue Sicht der Dinge dienen.
- Weiterentwickeln der Ideen anderer – jede Teilnehmerin kann und soll an den Ideen der anderen anknüpfen und sich von ihnen inspirieren lassen.

Vorbereitung: Einladen einer möglichst heterogenen Gruppe.

Durchführung:
1. Schritt: Einführung
Die Moderatorin führt zur Fragestellung und schreibt diese an das Flipchart, so dass die Teilnehmerinnen die Frage immer vor Augen haben. Nachdem die Moderatorin die Grundregeln erläutert hat, fordert sie die Teilnehmerinnen zur Ideenproduktion auf.

2. Schritt: Ideenproduktion
Die Teilnehmerinnen äußern alle ihnen einfallenden Ideen zum Thema. Entweder »reden alle durcheinander« oder sie antworten der Reihe nach, wobei jede so lange redet, bis sie keine Ideen mehr hat und das Wort an ihre Nachbarnin abgibt. Gerät der Ideenfluss ins Stocken, stimuliert die Moderatorin die Teilnehmerinnen durch Zwischenfragen.

Die Runden werden solange wiederholt, bis keine Ideen mehr kommen (aber auf keinen Fall länger als 30 min).

Jede vorgebrachte Idee wird sofort notiert. Das kann für alle sichtbar an einer Tafel oder Flipchart geschehen. Für die spätere Bearbeitung der Sammlung ist die Kartenabfrage allerdings praktischer. Dabei wird eine Idee pro Karte notiert.

3. Schritt: Auswertung
Die weitere Verarbeitung der Ideen geschieht analog zur Kartentechnik: Die Karten werden zusammengefasst und verschiedenen Kategorien zugeordnet. Welche Entscheidungstechniken angewendet werden, ist abhängig von der jeweiligen Fragestellung. Die Dokumentation erfolgt per Fotografie oder Protokoll.

△ Kartenabfrage

Anwendung: Die Kartenabfrage eignet sich sehr gut zur umfassenden Datengewinnung. Sie ermöglicht die Beteiligung aller Teilnehmerinnen am Gruppengeschehen und ist für folgende Fragenkomplexe anwendbar:
- Erwartungen der Teilnehmerinnen
- Themendefinition
- Problemsichten/Meinungen
- Informationssammlung
- Erfahrungsaustausch
- Ideensammlung

Material: Pinnwände, (Metaplan-)Karten, dicke Filzstifte für alle Teilnehmerinnen, Pinnadeln.

Grundregeln: Kurz fassen – eine Idee pro Karte, groß schreiben, gleiche Kartenfarbe für gleiche Themen (z.B.: rot für Befürchtungen, grün für Hoffnungen).

Vorbereitung: Ausreichend Material bereithalten.

Durchführung:
1. Schritt: Kartenabfrage
Nachdem die Moderatorin die Fragestellung erläutert und diese als Überschrift an die Pinnwand geheftet hat, werden die Teilnehmerinnen aufgefordert, ihre Antworten zum Thema auf Karten zu schreiben. Nur wenn die Gruppe sehr groß ist, wird die Kartenzahl pro Person eingeschränkt (auf 3 bis 5 Karten).

Die Teilnehmerinnen haben ausreichend Zeit zum Denken und Schreiben.

2. Schritt: Vorstellung der Karten
Variante a: Die Moderatorin sammelt die Karten ein. Sie liest jede Karte vor und hängt sie auf.
Variante b: Die Teilnehmerinnen lesen ihre Karten vor und erläutern sie gegebenenfalls (eine Diskussion findet hier nicht statt; erlaubt sind lediglich Verständnisfragen). Danach werden sie von den Teilnehmerinnen oder der Moderatorin aufgehängt.

3. Schritt: Kategorien bilden (Clustern)
Variante a: Alle Karten hängen ungeordnet an der Pinnwand. Die Gruppe sucht nach Kategorien, denen die Karten anschließend zugeordnet werden.
Variante b: Direkt nach dem Vorlesen der einzelnen Karten werden diese dort angepinnt, wo ähnliche oder verwandte Nennungen bereits hängen. Danach erhalten die Cluster eine Überschrift.

4. Schritt: Gewichtung
Mit Hilfe von Klebepunkten kann jede Teilnehmerin eine Gewichtung der Kategorien bezüglich Wichtigkeit, Dringlichkeit der Bearbeitung oder Interesse vornehmen.

Zum Verfahren siehe »Punktbewertung«.

Entsprechend der Punktbewertung wird eine Rangfolge festgelegt. Diese Rangfolge bestimmt das weitere Vorgehen der Gruppe.

△ Kollegiale Beratung

Anwendung: Die Kollegiale Beratung kann bei jeder Fallbesprechung eingesetzt werden. Besonders hilfreich ist das Verfahren, wenn eine Erzieherin in einem Konflikt steht oder in einem Prozess selbst nicht mehr weiterkommt.

Material: Nicht erforderlich.

Grundregeln: Es ist bei der Kollegialen Beratung sehr wichtig, die einzelnen Phasen der Beratung klar zu trennen (s. Durchführung). Eine Moderatorin ist zu bestimmen, die auf die Einhaltung der Zeitvorgaben und der inhaltlichen Schritte achtet. Für jede der Beratungsphasen sind ungefähr 10 Minuten vorzusehen.

Vorbereitung: Stuhlkreis bilden.

Durchführung: Zu Beginn der Kollegialen Beratung wird eine Moderatorin bestimmt, die auf die Einhaltung der Zeit und der Beratungsphasen achtet.

1. Phase der Beratung
Die Erzählerin (Fallgeberin) berichtet zunächst möglichst umfassend über ihre Situation mit den Eltern:
- Um wen geht es?
- Was ist bisher geschehen?
- Wie fühlt sich die Fallgeberin?
- Was ist ihre Frage an die Beraterinnen?

Die Beraterinnen hören der Erzählerin aufmerksam zu und versuchen, sich in die Situation einzufühlen.

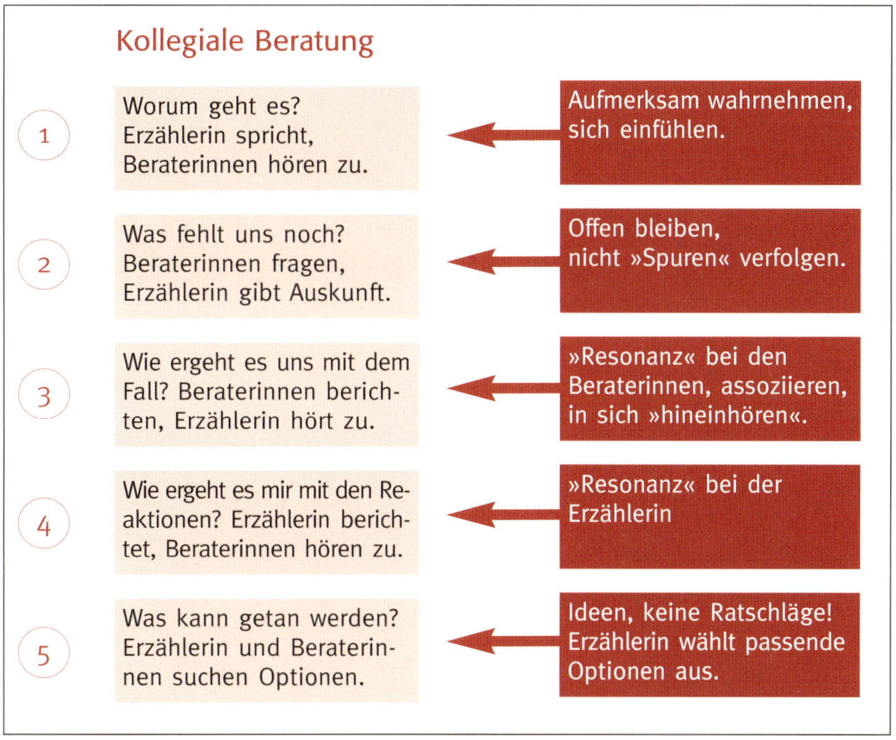

2. Phase der Beratung
Die Beraterinnen haken nach: Was fehlt uns noch? Was möchten wir noch wissen? Dabei werden le-diglich Informationen ein-geholt und noch keine »Spuren« verfolgt. Die Erzählerin beantwortet die gestellten Fragen.

3. Phase der Beratung
Die Erzählerin rückt mit ihrem Stuhl aus dem Kreis nach hinten und hört zu, ohne das Gehörte zu kommentieren. Die Beraterinnen tauschen sich darüber aus, welche Gefühle der Fall bei ihnen auslöst, welche Assoziationen entstehen, was ihre ersten Gedanken dazu sind.

4. Phase der Beratung
Die Erzählerin kehrt in den Gesprächskreis zurück und berichtet, wie es ihr mit dem zuvor Gehörten geht. Die Beraterinnen hören zu.

5. Phase der Beratung
Gemeinsam überlegen Beraterinnen und Erzählerin, was nun getan werden könnte. Dabei werden Ideen gesammelt und nicht gleich bezüglich ihrer Vor- und Nachteile diskutiert oder auf ihre Umsetzbarkeit geprüft.

Die Erzählerin allein wählt aus den gefundenen Alternativen aus und gibt den Beraterinnen Rückmeldung:
- Welche Vorschläge waren für mich sinnvoll oder angemessen?
- Welche Schritte werde ich in nächster Zeit unternehmen?
- Welche Ziele möchte ich mit den Eltern erreichen?

△ Mindmapping

Anwendung: Mit einer Mindmap können Ideen, Ereignisse oder Themenfelder in ihrer Komplexität entwickelt und bildhaft dargestellt werden. Sie entstehen in einer Art Brainstorming, bei dem die einzelnen Ideen nicht untereinander, sondern miteinander verbunden notiert werden. Eine Mindmap kann allein oder durch eine Gruppe erarbeitet werden.

Material: Papier (im Querformat nutzen) und Stifte.

Grundregeln: In die Mitte der Seite wird ein einprägsames Bild geklebt, eine kleine Skizze gezeichnet oder nur der Begriff eingetragen, der das zu behandelnde Hauptthema darstellt.

Von diesem zentralen Bild ausgehend wird für jeden Unterpunkt eine Linie gezeichnet und mit dem entsprechenden Begriff beschriftet.

Von diesen Linien können weitere Linien abzweigen, mit denen die einzelnen Hauptgedanken weiter untergliedert werden. Von diesen weiterführenden Linien können wieder andere ausgehen usw.

Symbole wie zum Beispiel Pfeile, geometrische Figuren, kleine Bilder, gemalte Ausrufe- oder Fragezeichen und selbst definierte Sinnbilder sind so oft wie möglich zu nutzen; sie erleichtern die Erfassung des Inhalts und können helfen, einzelne Bereiche abzugrenzen oder hervorzuheben.

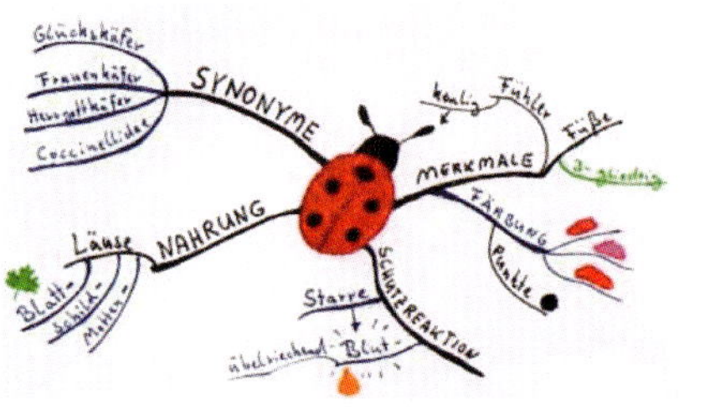

Vorbereitung: Keine.

Durchführung: Siehe oben. Eine ausführliche Anleitung zum Erstellen von Mindmaps finden Sie unter: http://www.zeitzuleben.de/artikel/denken/mindmapping-erstellen-1.html

△ Murmelgruppen

Anwendung: Zur gedanklichen Verarbeitung einer Vortragssequenz nach dem Motto »gut gekaut ist halb verdaut«.

Material: Nicht erforderlich.

Grundregeln: 5 bis 10 Minuten murmelnder Austausch mit den unmittelbaren Sitznachbarinnen.

Vorbereitung: Formulierung der Murmelfragen. Dies kann offen geschehen (»Tauschen Sie sich zum Gehörten in Kleingruppen aus«) oder anhand einer weiterführenden Fragestellung (»Kennen Sie dieses Phänomen auch?«).

Durchführung:
Vortrag.
Aufforderung, sich in Murmelgruppen über die gestellte Frage auszutauschen.

Einsammeln der Murmelergebnisse im Plenum, die – wenn sie für die weitere Arbeit verfügbar sein sollen – visualisiert werden müssen.

Variation: Bei einem längeren Vortrag kann ein permanenter Wechsel zwischen Information und Murmelgruppe stattfinden: 10 Minuten Vortrag – 5 Minuten Murmelgruppen – 10 Minuten Vortrag ...

△ Punktbewertung

Anwendung: Die Punktwahlmethode eignet sich zur Bestimmung einer Rangfolge bzw. zur Entscheidung für die wichtigste gefundene Alternative.

Material: Kleine Klebepunkte.

Grundregeln:
Die Anzahl der zu vergebenden Punkte lässt sich wie folgt ermitteln:
- Jede Teilnehmerin erhält nur einen Klebepunkt, wenn wenige Alternativen zur Auswahl stehen und/oder eine eindeutige Entscheidung erforderlich ist.
- Jede Teilnehmerin erhält gleich viele Klebepunkte, ermittelt nach der Formel »Anzahl der Alternativen geteilt durch 2 plus 1« und kann bis zu drei Punkte pro Alternative vergeben, wenn es darum geht, eine Prioritätenliste zu erstellen.

Vorbereitung: Visualisierung aller gefundenen Alternativen, Austeilen der Klebepunkte.

Durchführung: Jede Teilnehmerin erhält die gleiche Anzahl Klebepunkte und vergibt diese in einer der nachfolgenden Weisen:
- Offen
  Die Teilnehmerinnen gehen gleichzeitig an die Wandzeitung und kleben ihre Punkte hinter die von ihnen favorisierten Alternativen.
- Verdeckt
  Alle Teilnehmerinnen verlassen den Raum. Anschließend geht jede Teilnehmerin einzeln wieder hinein und klebt ihre Punkte auf. Alternativ: die Pinnwand wird umgedreht, so dass jede »hinter der Wand« ihre Punkte anbringen kann.
- Doppelt verdeckt
  Alternativen werden nummeriert. Die Teilnehmerinnen schreiben auf jeden ihrer Punkte die Nummer der Alternative, der sie diesen Punkt geben wollen. Die Moderatorin sammelt alle Punkte ein und klebt sie entsprechend der Beschriftung auf.

Die Punktsummen für die einzelnen Alternativen werden errechnet und eine Prioritätenliste erstellt.

△ Walk & Talk

Anwendung: Zur Reflektion vorangegangener Inhalte in Zweier- oder maximal Dreier-Gruppen. Diese Methode geht davon aus, dass das Ansprechen mehrerer Sinne zur gleichen Zeit (hören, sprechen, bewegen) dazu führt, sich intensiver mit einem Thema zu befassen und der Erinnerungswert höher ist, wenn mehrere Sinne stimuliert werden. Gleichzeitig ist es eine geeignete Methode, die Beteiligung aller zu fördern.

Material: Platz, um sich zu bewegen (am besten im Freien bei gutem Wetter), eventuell Papier und Stift – je eines pro Gruppe.

Grundregeln: Keine.

Vorbereitung: Die Moderatorin bereitet eine Fragestellung vor, zu der die Paare »walken und talken«, z.B.: »Welche Erinnerungen haben Sie an Ihre Kindergartenzeit?«

Durchführung: Die Moderatorin führt in die Fragestellung ein und bittet die Teilnehmerinnen, sich in Zweier- oder Dreiergruppen zusammenzuschließen. Abhängig von der Fragestellung muss die Moderatorin entscheiden, ob es sinnvoller ist, die Gruppenbildung zu steuern (z.B. über Abzählen) oder den Teilnehmerinnen die freie Wahl zu lassen, wer mit wem zusammen diese Übung durchführen will.

Die Gruppen erhalten ggf. ein Blatt Papier mit der Fragestellung und einen Stift, um ihre Ergebnisse zu notieren. Danach verlassen sie den Raum, um sich ihrer Aufgabe zu widmen. 20 Minuten sind hierfür ein ausreichender Zeitrahmen.

Literatur zum Weiterlesen

zum Thema »Zusammenarbeit mit Eltern«

Bauer, P.; Brunner, E. (Hrsg.): Elternpädagogik. Von der Elternarbeit zur Erziehungspartnerschaft. Freiburg: Lambertus, 2006

Caritasverband für die Erzdiözese Freiburg e.V., Referat Tageseinrichtungen für Kinder (Hrsg.): Ausprobiert & Weiterempfohlen. Freiburg, 2006

Eppel, Heidi; Hittmeyer, Steffen; Ludwig, Ingrid; Plate, Petra; Rathmann, Ruth: Mit Eltern partnerschaftlich arbeiten. Elternarbeit neu betrachtet. Freiburg: Herder, 1996

»Erziehungspartnerschaft mit Eltern«. TPS Heft 7/2006

Im Dialog mit Eltern. Impulse für eine erfolgreiche Erziehungspartnerschaft in Kindertageseinrichtungen. KiTa spezial, Sonderheft Nr. 3/2004

Klein, Lothar & Vogt, Herbert: »Fachfrau für professionelle Beziehungen«. In: TPS Heft 7/2006 (a), S. 16-23

Prott, Roger & Hautumm, Annette: 12 Prinzipien für eine erfolgreiche Zusammenarbeit von Erzieherinnen und Eltern. Weimar, Berlin: verlag das netz, 2004

Prott, Roger: »Zusammenarbeit von Erzieherinnen und Eltern – eine Aufgabe für das Kita-Management«. In: Betrifft KINDER, Heft 5-6/07, S. 44-51

Schlösser, Elke: Zusammenarbeit mit Eltern – interkulturell. Informationen und Methoden zur Kooperation mit deutschen und zugewanderten Eltern in Kindergarten, Grundschule und Familienbildung. Münster: Ökotopia, 2004

Stürmer, Günter: Basiswissen kita: Neue Elternarbeit. Sonderheft von »kindergarten heute«. Freiburg: Herder

Textor, Martin & Blank, Brigitte: Elternmitarbeit. Überarb. u. aktualisierte Fassung 2004 hrsg. vom Bayerischen Staatsministerium für Arbeit und Sozialordnung, Familie und Frauen, München

Thiersch, Renate: »Familie und Kindertageseinrichtung«. In: Bauer, P. & Brunner, J. (Hrsg.): Elternpädagogik. Freiburg: Lambertus, 2006, S. 80-106

Was wollen Eltern? TPS Heft 4/2002

Ziesche, Ulrike; Herrnberger, Grit; Karkow, Christine: Qualitätswerkstatt Kita – Zusammenarbeit von Kita und Familie. Weinheim: Beltz, 2003

zum Thema »Willkommen mit der ganzen Familie«

Bertelsmann-Stiftung (Hrsg.): Eingewöhnung

Wies, Hildegard: »Etwas Neues beginnt für Eltern und Kinder«. In: TPS Heft 7/2006, S. 26-29

zum Thema »Entwicklungsbeobachtung und Entwicklungsgespräche«

Hebenstreit-Müller, Sabine; Kühnel, Barbara (Hrsg.): Integrative Familienarbeit in Kitas – individuelle Förderung von Kindern und Zusammenarbeit mit Eltern. Beiträge zur pädagogischen Arbeit des Pestalozzi-Fröbel-Hauses, Band 9. Berlin: Dohrmann, 2004

Klein, Lothar & Vogt, Herbert: »Lassen Sie uns mal wieder über Tobias sprechen. Mit Eltern Entwicklungsgespräche führen«. In: TPS Heft 7/2006 (b), S. 33-35

Landesverband Katholischer Kindertagesstätten, Diözese Rottenburg-Stuttgart e. V. (Hrsg): Entwicklungsgespräche. Handreichung zur Durchführung von Entwicklungsgesprächen. Stuttgart, 2006

zum Thema »Eltern im Kindergartenalltag«

Evangelischer Landesverband – Tageseinrichtungen für Kinder in Württemberg (Hrsg.): Eltern im Kindergartenalltag. Stuttgart, 2007

Hense, Margarita: Eltern engagieren sich. Zusammenarbeit mit Elternbeiräten, Elternräten oder Elternvertretungen. Freiburg: Don Bosco, 2001

Hill, Antje: »Wer hat denn jetzt die Verantwortung? Unternehmungen mit Eltern und Kindern brauchen Absprachen«. In: TPS Heft 2/2005, S. 57-58

Plohmann, Anja: Nasen reinstecken! Löcher in den Bauch fragen! Hingehen und Nachgucken! Ein Praxisprojekt über die Arbeitswelt der Eltern. In: kindergarten heute, Heft 1/2005, S. 34-36

zum Thema »Kommunikation mit allen Eltern«

Gürtler, Helga: »Kontroversen am Elternabend. Wie Sie Diskussionen im Griff behalten.« In: kindergarten heute, Heft 10/2000, S. 32-35

Lachnit, Petra & Kretzschmar, Annette: Die Grundlage für Ihre Kommunikation mit Eltern. Praxishandbuch Zusammenarbeit mit Eltern, Bd. 1. Bonn: PRO Kiga, 2004

ohne Autor: »Schriftliche Kommunikation mit Eltern: Treffen Sie den richtigen Ton« http://www.pro-kiga.de/eltern/zusammenarbeit/artikel21884.html

Schlösser, Elke: »Einführende Elternabende« und »Thematische Elternabende«. In: Schlösser, Elke: Zusammenarbeit mit Eltern – interkulturell. Münster: Ökotopia, 2004, S. 70-129

▲ Beteiligte Kindergärten

Stärkung der Erziehungskraft der Familie durch und über den Kindergarten
Beteiligte Kindergärten 2003 – 2005

Abenteuerland — Diakonieverein Linkenheim-Hochstetten
Kirchstr. 1, 76351 Linkenheim-Hochstetten, Tel. 07247/6128

Ev. Kindergarten Baden-Badener Straße — Ev. Kirchengemeindeamt Heidelberg
Baden-Badener Str. 11, 69126 Heidelberg, Tel. 06221/303201

AWO-Kita Bernstein — AWO Kreisverband Karlsruhe-Stadt
Bernsteinstr. 4a, 76189 Karlsruhe, Tel. 0721/503377

St. Michaelis-Kindergarten — Ev. Kirchengemeinde Blankenloch
Gymnasiumstr. 14, 76297 Stutensee-Blankenloch, Tel. 07244/92681

AWO-Kita Der Kleine Prinz — AWO Kreisverband Karlsruhe-Stadt
Beuthener Str. 40, 76139 Karlsruhe, Tel. 0721/686864

Ev. Kindergarten Dürerstraße — Ev. Kirchenverwaltungsamt Mannheim
Dürerstr. 36, 68163 Mannheim, Tel. 0621/413431

Eine Welt Kindergarten — Ev. Kirchengemeinde Wiesloch
Dr. Martin Luther-Str. 2, 69168 Wiesloch, Tel. 06222/4797

Elisabeth Ding-Kindergarten — Ev. Kirchengemeinde Leimen
Turmgasse 23, 69181 Leimen, Tel. 06224/72651

Ev. Kindergarten Friedenstraße — Ev. Kirchengemeindeamt Karlsruhe
Friedenstraße 3, 76133 Karlsruhe, Tel. 0721/816438

Ev. Kindertagesstätte Fürstenwalder Weg — Ev. Kirchenverwaltungsamt Mannheim
Fürstenwalder Weg 2-6, 68309 Mannheim, Tel. 0621/703244

Kinderhaus im Hardtwaldzentrum — Der PARITÄTISCHE, BG Karlsruhe
Kanalweg 40-42, 76149 Karlsruhe, Tel. 0721/9123030

Himmelstern — Ev. Kirchenverwaltungsamt Mannheim
Waldpforte 100, 68305 Mannheim, Tel. 0621/753417

Himmelszelt — Ev. Kirchengemeindeamt Karlsruhe
Kreuzstr. 15a, 76133 Karlsruhe, Tel. 0721/26870

Pusteblume — Ev. Kirchengemeinde Weinheim
Fichtestr. 16, 69469 Weinheim, Tel. 06201/64599

Regenbogen — Ev. Kirchengemeinde Eberbach
Bussemer Str. 2, 69412 Eberbach, Tel. 06271/5787

Schatzinsel — Ev. Kirchengemeinde Weinheim
Nördliche Hauptstr. 71, 69469 Weinheim, Tel. 06201/63676

Sternenzelt — Kath. Kirchengemeinde Liebfrauen
Lindenweg 2a, 76275 Ettlingen, Tel. 07243/577920

Sternschnuppe — Ev. Kirchenverwaltungsamt Mannheim
Stolberger Str. 10, 68305 Mannheim, Tel. 0621/757421

St. Franziskus — Pfarrgemeinde St. Bonifatius
Neudorfstr. 15a, 68229 Mannheim, Tel. 0621/471998

Ev. Kindergarten Uhlandstraße — Ev. Kirchengemeinde Keltern-Dietlingen
Uhlandstr. 4, 75210 Keltern-Dietlingen, Tel. 07236/6918
Ev. Kindertagesstätte Zwickauer Weg — Ev. Kirchenverwaltungsamt Mannheim
Zwickauer Weg 22, 68309 Mannheim, Tel. 0621/708519

Erziehungspartnerschaft und Elternbildung im Kindergarten
Beteiligte Kindergärten im Jahr 2006

Albert Schweitzer Kindergarten — Ev. Kirchengemeinde Graben-Neudorf
Albert-Schweitzer-Str. 18, 76676 Graben-Neudorf, Tel. 07255/1002
Kindergarten Arche — Ev. Kirchengemeinde Rinklingen
Am Kindergarten 2, 75015 Bretten-Rinklingen, Tel. 07252/2616
Ev. Kindergarten Gärtnerstraße — Ev. Kirchengemeinde Mannheim
Gärtnerstr. 15-17, 68169 Mannheim, Tel. 0621/313218
Ev. Kindergarten Melanchthon 2 — Ev. Kirchengemeinde Mannheim
Melanchthonweg 8, 68167 Mannheim, Tel. 0621/36647
Paul Gerhardt-Kindergarten — Ev. Kirchengemeinde Bruchsal
Paul-Gerhardt-Str. 23, 76646 Bruchsal, Tel. 07251/12509
Regenbogen — Ev. Kirchengemeinde Flehingen
Gochsheimer Str. 13, 75038 Flehingen, Tel. 07258/8588
Schatzinsel — Kindertagesstätte Dürrenbüchig e.V.
Kraichgaustr. 3, 75015 Bretten-Dürrenbüchig, Tel. 07252/42226
Schlossstrahl — Paritätische Sozialdienste, Karlsruhe
Kanalweg 92, 76149 Karlsruhe, Tel. 0721/5098450
Spatzennest — Ev. Kirchengemeinde Mannheim
Wiesbadener Str. 19, 68305 Mannheim, Tel. 0621/756533
St. Christophorus — Kirchengemeinde Heilig Geist
Bienenstr. 7-1, 69117 Heidelberg, Tel. 06221/23124
St. Franziskus — Kath. Kirchengemeinde St. Franziskus
Speckweg 6, 68305 Mannheim, Tel. 0621/744785
St. Sebastian — Kath. Kirchengemeinde St. Sebastian
R7, 12-13, 68161 Mannheim, Tel. 0621/26973
St. Ulrich — Kath. Kirchengemeinde St. Johannes Nepomuk
Spitalgasse 6, 69151 Neckargemünd, Tel. 06223/71020
Ev. Kindergarten Walldorf — Ev. Kirchengemeinde Walldorf
Schulstr. 2, 69190 Walldorf, Tel. 06227/9314
Wiki – Wissenschaft und Kind — Kibu e.V. Verein für die Kinder der Uni KA
Karl-Wilhelm-Str. 1, 76131 Karlsruhe, Tel. 0721/6085999

▲ Projektideen der beteiligten Kindergärten

Ziele für die Zusammenarbeit mit Eltern: Wie wurden sie in den Projektkindergärten erreicht?

Ziel: Das Kind gemeinsam fördern – Erziehungspartnerschaft

- Entwicklungsbeobachtung und Entwicklungsgespräche
- Begleitete Hospitation
- Elternsprechtage oder -sprechzeiten
- Gemeinsame Fortbildungen von Erzieherinnen und Eltern
- Bereitstellung einer Elternbibliothek
- Durchführung gemeinsamer Aktivitäten (zum Beispiel Besuch des Barfußparks)
- Gestaltung der Eingewöhnungsphase

Ziel: Die Erziehungskompetenz stärken – Elternbildung

- Eltern beraten Eltern
- Elternabende zu Erziehungsfragen (mit und ohne Referentin)
- Expertensprechstunde veranstalten
- Pädagogischen Stammtisch (Eltern und Erzieherinnen) durchführen
- Elterngesprächskreise (mit und ohne externe Moderation) initiieren
- Elterntrainings/-schule anbieten
- Hospitationen ermöglichen und nachbereiten
- Bildungsangebote mit Kinderbetreuung organisieren
- Elterncafé als Ort der Begegnung einrichten

Ziel: Die Eltern in den Kindergarten einbeziehen

- Exkursionen zum Arbeitsplatz der Eltern
- Eltern gestalten pädagogische Angebote für Kinder
- Elternbegleitung bei Ausflügen
- Angebote für einzelne Familienmitglieder (Oma-Kaffee)
- Möglichkeiten zur Mithilfe, Mitarbeit und Mitgestaltung anbieten
- Talentsuche: Eltern erzählen aus ihrem Land, kochen für Kinder

Ziel: Die Mitbestimmungsrechte von Eltern verwirklichen

- Durchführung einer Zukunftswerkstatt
- Einrichtung von Eltern-Erzieherinnen-Projektgruppen zu pädagogischen und organisatorischen Themen
- Gewährung einer Starthilfe für Elternbeiräte – Elternbeiratsschulungen
- Information über pädagogisches Konzept
- Befragung beim Elterntreff

Ziel: Die Kontakte zwischen Familien fördern

- Gestaltung der Elternbildungsangebote so, dass sie auch Kontakte ermöglichen (z.B. mit anschließender Diskussion im Elterncafé)
- Freizeitangebote für Familien (Familienausflug, Eltern-Kind-Freizeit, Feste) oder Eltern (Strickclub, Internationales Kochstudio, Elternfrühstück)

- Strukturen zur Selbsthilfe aufbauen (Ferienbetreuungsinitiative, Kontaktbörse, Tauschbörse, Info-Wand)
- Treffpunkte anbieten (Stammtisch, Elterncafé, Miniclub)
- Möglichkeiten gemeinsamer Arbeit schaffen (Flohmarkt, Gartengestaltung)
- Alleinerziehenden-Treff
- Krabbelgruppe
- Elterncafé

Ziel: Themen der Familien aufgreifen und beantworten

- Durchführung eines Deutschkurses für nicht-deutschsprachige Eltern
- Vermittlung von Therapie/Familienhilfe/Babysitter
- Bereitstellung von PC und Internetzugang
- Lebensberatung durch türkische Kollegin
- Durchführung einer Expertensprechstunde
- Workshop Zeitmanagement für Eltern

Ziel: Die Einrichtung öffnen und vernetzen

- Konfirmanden zu Babysittern qualifizieren
- Kooperation mit Vereinen/Schulen/Gemeinde aufbauen
- Vernetzung mit Hilfesystemen
- Experten zu Festen einladen, sie den Eltern bekannt machen
- Therapeutische Hilfe in der Kita ermöglichen

Notizen

Notizen

Notizen

Notizen